Pocket Power

Claudia Kostka

Coachingtechniken

7 Techniken zur Entwicklung von Führungsqualität
Die CT7

2. Auflage

HANSER

Inhalt

1 Einleitung

1.1 TQM und Führung

Die Einführung von TQM in einem Unternehmen ist für jeden einzelnen Mitarbeiter mit großen Veränderungen verbunden. Bei dieser Neuorientierung haben die Führungskräfte die Schlüsselfunktion, denn sie sind diejenigen, die ihren Mitarbeitern die Orientierung für veränderte Denk- und Verhaltensweisen geben und vorleben. Dafür müssen die Führungskräfte ihre Mitarbeiter als Kunden betrachten, denen sie eine individuelle Dienstleistung erbringen. Dies erfordert veränderte Führungsqualitäten, deren Entwicklung durch den systematischen Einsatz von Techniken unterstützt werden kann.

Führungskräfte müssen dabei nicht stereotypen Anforderungsprofilen gerecht werden. Sie sollten vielmehr die ständige Bereitschaft zum Lernen in der konkreten Praxissituation aufbringen und vor allem nicht die kontinuierliche und konsequente Auseinandersetzung mit den eigenen Denk- und Verhaltensweisen scheuen.

Wie bei jeder anderen Kunstfertigkeit erfordert auch die Entwicklung von Führungsqualitäten kontinuierliches und konsequentes Training. Dies lässt sich am besten in Zusammenarbeit mit den Mitarbeitern bei situationsadäquatem Einsatz der im Folgenden beschriebenen Techniken realisieren.

1.2 Aufbau des Buches

Im ersten Teil werden die verschiedenen Grundlagen zum Thema Führung anhand des **Potenzialmodells der Führung** erläutert. Dadurch wird zunächst die Komplexität dieser

Thematik verdeutlicht, und mögliche Ursachen für Führungsprobleme werden aufgezeigt.

Im zweiten Teil werden Techniken erläutert, mit deren Hilfe die Leistungsfähigkeit der Mitarbeiter durch verbesserte Kommunikation gesteigert werden kann. In Anlehnung an die Veröffentlichungen in der Reihe *Pocket Power* werden im Folgenden die sieben **Coaching-Techniken** (C7) vorgestellt:

- Systemtechnik
- Moderationstechnik
- Visualisierungstechnik
- Konfliktmanagementtechnik
- Gesprächsführungstechnik
- Feedbacktechnik
- Reflexionstechnik

Dabei werden die einzelnen Phasen beim Einsatz der Techniken beschrieben wie auch Hinweise zur Anwendung verschiedener praxiserprobter Werkzeuge gegeben, durch die die Techniken unterstützt werden.

Die Coaching-Techniken werden in drei Teilschritten erläutert.

„WORUM GEHT ES?"

Unter dieser Fragestellung werden die der jeweiligen Technik zugrunde liegenden Theorien erläutert.

„WAS BRINGT ES?"

Unter dieser Fragestellung werden die Möglichkeiten und Grenzen der jeweiligen Technik aufgezeigt.

„WIE GEHE ICH VOR?"

Unter dieser Fragestellung werden die der jeweiligen Technik zugrunde liegende Methodik und anhand ausgewählter Instrumente der praktische Einsatz der Techniken beschrieben.

Unter diesem Symbol werden Hinweise und Tipps, die beim Einsatz der Technik besonders beachtet werden müssen, gegeben.

Dieses Symbol weist auf besondere Stolpersteine hin.

Es sei ausdrücklich darauf hingewiesen, dass die korrekte Anwendung der Techniken einiger Übung und kritischer Reflexion bedarf.

2 Grundlagen zum Coaching

2.1 Selbstverantwortliches Handeln

Traditionell basiert die Mitarbeiterführung auf der Funktionstrennung zwischen Entscheidungs- und Ausführungskompetenz. Durch diese klassische Rollentrennung sind einerseits destruktive Kontrollmechanismen entstanden, und andererseits werden Probleme häufig auf Ebenen bearbeitet, wo sie überhaupt nicht entstanden sind. Der daraus entsprungene Zeit- und Kostenaufwand führte zu der Erkenntnis, dass Probleme zukünftig dort bearbeitet und gelöst werden müssten, wo sie anfallen. Dafür müssen die Mitarbeiter zu selbstverantwortlichem Handeln befähigt, ermutigt und ermächtigt werden.

Was heißt überhaupt selbstverantwortliches Handeln?

Für die Mitarbeiter bedeutet **selbstverantwortliches Handeln:**

- sich zunächst mit den Zielen des Unternehmens (bzw. der Abteilung) hinsichtlich des eigenen Aufgabenbereichs zu identifizieren,
- die Erwartungen, Wünsche und Bedürfnisse des oder der Kunden zu kennen,
- eigeninitiativ (freiwillig und selbständig) Aufgaben zu übernehmen und Probleme zu lösen,
- ein Verantwortungsgefühl gegenüber den übernommenen Aufgaben zu entwickeln,
- bewusst die Konsequenzen des eigenen Handelns abzuschätzen und zu überprüfen,
- das eigene Handeln bzw. daraus resultierende Konsequenzen zu reflektieren und Feedback von der Führungskraft

und den Kollegen einzuholen sowie ein abteilungsübergreifendes Denken zu entwickeln.

Woher bekommen die Mitarbeiter die entsprechende Handlungskompetenz?

Führungskräfte müssen ihre Mitarbeiter zu selbstverantwortlichem Handeln entsprechend befähigen, ermutigen und ermächtigen, was dem Erbringen einer individuellen Dienstleistung entspricht.

Befähigen zu selbstverantwortlichem Handeln bedeutet, die Schwächen auszubalancieren, die Stärken der Mitarbeiter zu nutzen sowie deren Ausbau durch entsprechende Qualifikationsmöglichkeiten zu unterstützen.

Ermutigen zu selbstverantwortlichem Handeln bedeutet, die Mitarbeiter durch Vorbildwirkung zu motivieren und sie bei der Erfüllung neuer bzw. schwieriger Aufgaben ggf. durch Hilfestellung zu fördern.

Ermächtigen zu selbstverantwortlichem Handeln bedeutet, den Mitarbeitern entsprechend ihrer Aufgaben ausreichend Handlungsspielraum bereitzustellen.

> Damit sich die Mitarbeiter wirksam einbringen bzw. bewähren können, reichen Maßnahmen, die ausschließlich auf Motivation ausgerichtet sind, nicht aus.

Es muss vielmehr dem Einzelnen:

- für seine Aufgabenerfüllung das Recht eingeräumt werden, selbständig Entscheidungen hinsichtlich der Aufgabengestaltung treffen zu dürfen und eigene Ideen bezüglich der Zielerfüllung einzubringen,

- die konkret erwarteten Arbeitsergebnisse mitgeteilt werden, damit dieser entsprechend Verantwortung für die Erfüllung seiner Aufgaben übernehmen kann,
- durch die Führungskraft Möglichkeiten geboten werden, entsprechend seiner Stärken und Schwächen die Fachkenntnis und Problemlösungsfähigkeit erwerben zu können,
- ermöglicht werden, an der Entwicklung von strategischen und operativen Zielen, die sein Aufgabengebiet betreffen, kontinuierlich beteiligt zu werden,
- ermöglicht werden, die Folgen seines Handelns hinsichtlich Irrtümern und Fehlern kommunizieren zu können.

Die Führungskraft kann damit nicht mehr als Verwalter von Untergebenen agieren, sondern muss ihre Mitarbeiter bei deren Aufgabenerfüllung beraten, begleiten und fördern. Sie wird dadurch zum Dienstleister der Mitarbeiter, der als Katalysator oder Wegbereiter zum Erfolg Kreativität weckt und Impulse zur Veränderung gibt.

2.2 Die Führungskraft als Coach

Führungskräfte als Dienstleister sind Begleiter, Berater und Förderer ihrer Mitarbeiter. Diese Form des Führungsverhaltens wird heute durch den Begriff Coaching [*Niermeyer 2000*] charakterisiert. Die Führungskraft als Coach ist analog zu einem Mannschaftstrainer zu sehen, der seine Mannschaft zusammenstellt, sie auf ein gemeinsames Ziel einschwört, gemeinsam mit dem Team eine geeignete Strategie ausarbeitet und das Trainingsprogramm danach ausrichtet. Für jeden Wettkampf analysiert der Coach die Spielführung des Gegners und versorgt sein Team mit entscheidenden strategischen und taktischen Informationen. Er bespricht die Spieltaktik, trainiert sowohl praktisch als auch virtuell die Spielzüge und sorgt für die mentale Fitness seiner „Schützlinge“. Seine unmittelbaren Aktivitäten enden, wenn die Spieler auf dem Platz sind. Dann ist es die Aufgabe der Spieler, das Erlernte Erfolg bringend einzusetzen. Für den (Gesamt-)Erfolg ist dennoch der Trainer verantwortlich.

Auf die Führungskraft übertragen, heißt dies, den Führungsprozess als eine Dienstleistung zu gestalten und so umzusetzen, dass die Geführten in die Lage versetzt werden, selbstverantwortlich zu handeln. Denn nicht nur im sportlichen Wettkampf entscheiden teamorientiertes Training und Zusammenspiel über Sieg oder Niederlage, sondern vor allem im Wettbewerb um den Kunden am Markt. Die Führungskraft als Coach benötigt neben ihrer breiten Fach- und Methodenkompetenz dafür folgende soziale Fähigkeiten:

- Sie hört aufmerksam zu, stellt problemlösungsorientierte Fragen, erkennt Bedürfnisse, Erwartungen, Wünsche und Probleme der Mitarbeiter (Kommunikationsfähigkeit).
- Sie sieht unterschiedliche Meinungen als Chance und Konflikte als Möglichkeit, neue Lösungswege zu finden (Kritik- und Konfliktfähigkeit).
- Sie entwickelt und vereinbart gemeinsam mit den Mitarbeitern Ziele, berät die Geführten in Einzelgesprächen und Gruppendiskussionen, entwickelt in Zusammenarbeit mit ihnen ein gemeinsames Vorgehen (Kooperations- und Teamfähigkeit sowie systemisches Denken).
- Sie versucht, die vorhandenen Potenziale jedes Einzelnen zu fördern und zu erweitern (Motivationsfähigkeit).

Die Verhaltensänderung, vom Vorgesetzten zum Dienstleister der Mitarbeiter zu werden, ist mit einem Lern- und Erkenntnisprozess verbunden, in dem eigene Denk- und Verhaltensweisen konsequent und kontinuierlich reflektiert werden müssen. Erst dadurch können Veränderungspotenziale aufgedeckt und akzeptiert werden.

3 Das Potenzialmodell der Führungsqualität

3.1 Der Mitarbeiter als Kunde der Führung

Um die im Führungsprozess enthaltenen Potenziale nutzen zu können, müssen diese zunächst erkannt werden. Dafür wird im Folgenden das **Potenzialmodell der Führungsqualität** (Bild 1) erläutert. Grundüberlegung hierfür bildete das sog. Lückenmodell der Dienstleistungsqualität nach ZEITHAML (siehe dazu *Pocket Power Qualitätstechniken für die Dienstleistung*).

Im Lückenmodell der Dienstleistungsqualität wird davon ausgegangen, dass der (externe) Kunde die Qualität einer Dienstleistung als Differenz zwischen erwarteter und wahrgenommener Leistung beurteilt.

Differenzen zwischen erwarteter und wahrgenommener Dienstleistung resultieren aus Kommunikationsproblemen und Schnittstellenverlusten zwischen Kunden und Dienstleistern. Die Kundenwünsche werden nicht richtig erkannt und nicht entsprechend erfüllt.

Ähnlich verhält es sich bei der Mitarbeiter-Führungskraft-Beziehung. Das Führungsverhalten unterliegt ebenfalls der subjektiven Beurteilung des Mitarbeiters. Führungsqualität im TQM kann daher als Differenz zwischen erwartetem und wahrgenommenem Führungsverhalten definiert werden. Je geringer die Differenz, umso höher die Qualität. Die Differenz ist auf die Unschärfe der zwischenmenschlichen Kommunikation zurückzuführen.

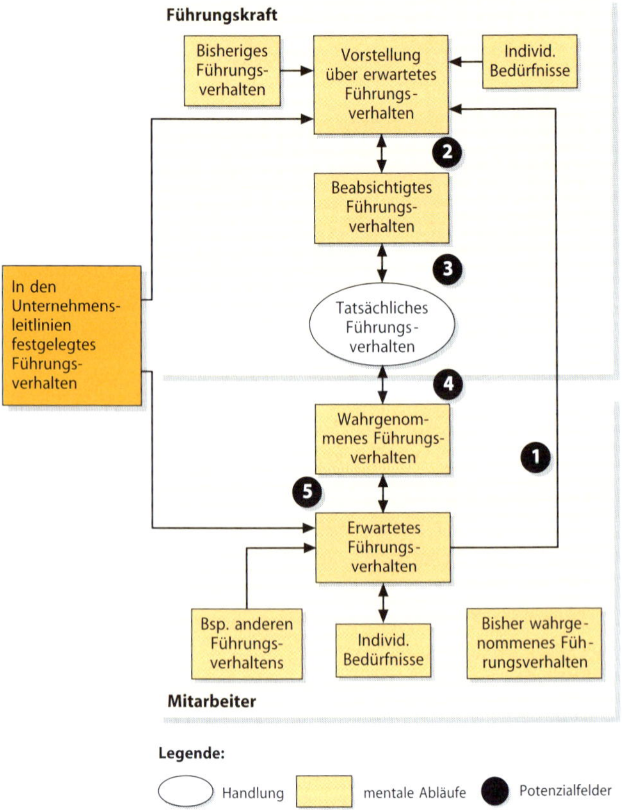

Bild 1: *Potenzialmodell der Führungsqualität*

Die Verhaltensweisen der Mitarbeiter werden aufgrund der Unschärfe der zwischenmenschlichen Kommunikation von der Führungskraft häufig nicht angemessen wahrgenommen oder falsch interpretiert. Die Reaktionen der Führungskraft werden dann wiederum vom Mitarbeiter als nicht angemessen wahrgenommen, und es kommt zu Missverständnissen.

Mit dem Potenzialmodell der Führungsqualität soll geklärt werden, welche Ursachen dieser Problematik zugrunde liegen.

Ähnlich wie beim Lückenmodell der Dienstleistungsqualität tun sich hierbei Potenzialfelder auf, deren Entstehen im Folgenden ausführlich beschrieben wird. Mit Hilfe des **Potenzialmodells der Führungsqualität** (Bild 1) werden einerseits die verhaltenswissenschaftlichen Zusammenhänge des Führungsverhaltens schematisch aufgezeigt, andererseits kann die Führungskraft es als Instrument zur kritischen Analyse des eigenen Führungsverhaltens nutzen.

3.2 Potenzialfeld 1: Wahrnehmung

Das Potenzialfeld 1 beschreibt die mögliche Diskrepanz zwischen dem vom Mitarbeiter erwarteten Führungsverhalten und der Vorstellung der Führungskraft über die Erwartungen des Mitarbeiters an das Führungsverhalten.

Zunächst muss die Führungskraft den Mitarbeiter über die von der Abteilung zu erfüllenden Ziele informieren. Daraus leiten sich für jeden einzelnen Mitarbeiter bestimmte Aufgaben ab. Dabei muss die Führungskraft feststellen, ob sich die jeweiligen Mitarbeiter mit ihren Aufgaben identifizieren und ob sie diese erfüllen können. Dafür muss die

Führungskraft die Bedürfnisse, Wünsche und Erwartungen des jeweiligen Mitarbeiters bezüglich seiner Aufgaben erkennen.

Aufgrund der Subjektivität der menschlichen Wahrnehmung kommt es an dieser Stelle bei der Führungskraft häufig zu Fehlinterpretationen der Situation. Grund hierfür ist die individuelle Wahrnehmungsfähigkeit, wodurch von unterschiedlichen Personen objektiv gleiche Situationen verschieden interpretiert werden.

Die Interpretation von Situationen erfolgt aufgrund individueller Erfahrungshintergründe, Bedürfnisse, Werte und Einstellungen des Einzelnen und ist daher immer subjektiv. Auf der Grundlage der Interpretation einer Situation werden Schlussfolgerungen für die Handlungen gezogen. Dadurch könnten z. B. die Handlungsbereitschaft oder -kompetenz eines Mitarbeiters unter- oder überschätzt und dann der Tätigkeits- und Entscheidungsspielraum nicht angemessen entsprechend der Stärken und Schwächen des jeweiligen Mitarbeiters zur Verfügung gestellt werden.

Tritt diese Diskrepanz auf, muss die Führungskraft für die Verbesserung der Wahrnehmungsfähigkeit wie folgt sorgen:

- Verhindern von Missverständnissen durch Intensivieren der Kommunikation mit den Mitarbeitern und Einsatz von Feedback- und Reflexionstechniken,
- Schaffen von Transparenz über die zur Zielerfüllung relevanten Prozesse und Sicherstellen, dass eine „gemeinsame“ Sprache gesprochen wird mit Hilfe von System-, Moderations- und Visualisierungstechniken,

- kontinuierlich gemeinsam Ziele vereinbaren und Rahmenbedingungen definieren (bis wann, mit welchen Mitteln, wie die Aufgaben vom Mitarbeiter erfüllt werden können und welche Konsequenzen die Erfüllung oder Nichterfüllung hat),
- Rückfragen an den Mitarbeiter stellen, um zu klären, ob die Aufgabe verstanden wurde, und dem Mitarbeiter Raum lassen, an die Führungskraft Rückfragen zu richten und Ansichten zu äußern mit Hilfe von Gesprächsführungstechniken,
- Führungsrundgänge durchführen (Management by walking around) und Visualisierungsmöglichkeiten zur gemeinsamen Zielverfolgung einsetzen.

3.3 Potenzialfeld 2: Macht und Abhängigkeit

Das Potenzialfeld 2 beschreibt die mögliche Diskrepanz zwischen der Vorstellung über das vom Mitarbeiter erwartete und dem von der Führungskraft beabsichtigten Führungsverhalten.

In diesem Fall interpretiert die Führungskraft zwar die Bedürfnisse, Wünsche und Erwartungen der Mitarbeiter richtig, jedoch ist sie noch nicht in der Lage, ihr Rollenverständnis (Begleiter, Förderer und Unterstützer ihrer Mitarbeiter zu sein) und ihr damit verbundenes Verhalten entsprechend auszurichten.

Ursache hierfür ist häufig die Angst vor Machtverlust („Wenn meine Mitarbeiter selbstverantwortlich handeln, dann bin ich ja überflüssig"), bedingt durch Ungewissheit über den Ausgang des Veränderungsprozesses, Selbstzweifel, den neuen Aufgaben nicht gewachsen zu sein, sowie durch die Sorge, geliebte Privilegien und Statussymbole zu verlieren. Die Vorteile eines veränderten Rollenverständnisses (Aktivieren der Potenziale der Mitarbeiter) werden häufig nicht erkannt.

Die Veränderung des Rollenverständnisses setzt die Bereitschaft zum Umdenken voraus. Die bisherigen Erfahrungen sowie konditionierte (unternehmens- und rollenbedingte, gesellschaftliche) Verhaltensregeln können dabei blockierend wirken. Das von den Führungskräften über Jahre praktizierte Führungsverhalten muss jedoch aufgrund veränderter Rahmenbedingungen an die neue Situation angepasst werden. Die Führungskraft hat die Aufgabe, ihren Mitarbeitern die neuen Verhaltensweisen vorzuleben (Vorbildwirkung).

Tritt die oben beschriebene Diskrepanz auf, so muss die Führungskraft:

- zunächst die eigene Rolle in der Hierarchie kritisch hinterfragen und den für die neuen Aufgaben notwendigen Handlungsspielraum mit dem nächsthöheren Vorgesetzten abstimmen (Feedback- und Gesprächsführungstechnik),
- Teamentwicklung gemeinsam mit den Mitarbeitern durchführen, um das Rollenverständnis aller Beteiligten zu verändern und das Vertrauensverhältnis auf- bzw. auszubauen sowie die Kooperation und Kommunikation zu verbessern (Moderations-, Feedback- und Reflexionstechnik),
- regelmäßig Führungsrundgänge durchführen,
- die eigene Persönlichkeitsentwicklung kontinuierlich fördern,
- Rückkopplungssysteme etablieren, um die Entwicklung eines Vertrauensverhältnisses zwischen Führungskraft und Mitarbeiter zu gewährleisten (Feedbacktechnik).

3.4 Potenzialfeld 3: Lern- und Erkenntnisprozess

Das Potenzialfeld 3 beschreibt die mögliche Diskrepanz zwischen dem von der Führungskraft beabsichtigten und dem von ihr tatsächlich praktizierten Führungsverhalten.

Die Ursache dieser möglichen Diskrepanz liegt darin begründet, dass das von der Führungskraft beabsichtigte Führungsverhalten („Wie will ich führen?") sich nicht im tatsächlichen Führungsverhalten widerspiegelt. Ein gezieltes Konditionieren über Jahre hinweg hat die Ausprägung bestimmter Denk- und Verhaltensweisen zur Folge, die es unter den veränderten Rahmenbedingungen kritisch zu überprüfen gilt.

Lernen ist ein Prozess, der zu relativ stabilen Verhaltensänderungen führt. Es werden darin Vorgehensweisen zum Erreichen bestimmter Ziele entwickelt. Das traditionelle Lernen von Fakten vollzieht sich in einem festen Bezugsrahmen von Werten, Normen und Grundannahmen. Erst wenn dieser Bezugsrahmen in Frage gestellt wird, können gewohnte Denkweisen (sog. Paradigmen) aufgebrochen werden, und erst dann werden Denkgewohnheiten (Einstellungen) in Frage gestellt, und Einsichten können in neue Denkstrukturen integriert werden, so dass es tatsächlich zu tief greifenden Verhaltensänderungen kommt.

Beim Menschen sind Gegenstand und Art der Lernprozesse sehr komplex. Er erwirbt die Fähigkeiten zur Daseinsbewältigung durch Lernen innerhalb einer Kultur und gilt daher als ein auf Lernen angelegtes Wesen. Durch Lernprozesse kann er sein Verhalten immer wieder an veränderte Situationen anpassen. Die primären Beweggründe des Handelns (die z. B. der Arterhaltung dienen) werden durch gezieltes Fördern bzw. Unterdrücken (Lern- und Sozialisationsprozesse) von ins Bewusstsein gerückten Bedürfnissen (z. B. soziale Sicherung, Anerkennung) überlagert, die nun ihrerseits befriedigt werden müssen.

Lernen als Erkenntnisprozess wird häufig ausschließlich mit Denken in Verbindung gesetzt und als von Emotionen gänzlich abgekoppelt verstanden. Jedoch verknüpft der Mensch mit jedem Wort (besonders mit den frühkindlich erlernten Wörtern) ein bestimmtes Bild und mit diesem ein Gefühl. Soll eine Person ihr Verhalten grundlegend verändern, nützen Appelle an die Einsicht dieser Person wenig, denn die mit einer bestimmten Situation identifizierte Einstellung bleibt bestehen.

Nur durch die eigene Erkenntnis, dass die gewohnten Verhaltensweisen nicht situationsadäquat sind, und durch die bewusste Auseinandersetzung können diese verändert werden. Um diese grundlegend zu modifizieren, müssen das bestehende Bild und das damit verbundene Gefühl durch ein der neuen Situation angepasstes ersetzt werden.

Verhaltensänderungen können auch durch das Vorbildverhalten der Führungskraft bewirkt werden. Dadurch wird ein intuitiver Lernprozess initiiert.

Tritt die oben beschriebene Diskrepanz auf, so sollte die Führungskraft:

- die eigene Persönlichkeitsentwicklung fördern (Feedback- und Reflexionstechnik),
- die Konsequenzen geplanter Handlungen durch systematisches Reflektieren des eigenen Verhaltens abschätzen,

- kontinuierlich Feedback von den Mitarbeitern einholen (z. B. durch regelmäßiges Durchführen von Führungsrundgängen) und
- kontinuierlich Teamentwicklungen durchführen.

3.5 Potenzialfeld 4: Interaktion

Potenzialfeld 4 beschreibt die mögliche Diskrepanz zwischen dem tatsächlich von der Führungskraft praktizierten und dem vom Mitarbeiter wahrgenommenen Führungsverhalten.

Das beobachtbare Führungsverhalten ist der subjektiven Wertung des Mitarbeiters unterworfen. Die unterschiedlichen Reaktionen verschiedener Mitarbeiter auf objektiv gleiche Situationen sind auf unbeobachtbare Denkvorgänge zurückzuführen und basieren auf den individuell verschiedenen Erfahrungshintergründen. In der Interaktion zwischen Mitarbeiter und Führungskraft kann es zu Abhängigkeitsbeziehungen kommen. Diese entwickeln sich aufgrund unterschiedlich konditionierter Rollen, die situationsbedingt jeweils vom Mitarbeiter und der Führungskraft eingenommen werden.

Entsprechend des individuellen Bezugsrahmens ordnet dabei die jeweilige Person einer Situation eine Bedeutung zu. Für die jeweilige Person existieren dafür explizite oder implizite Regeln.

Jene (explizite Regeln) können Gesetze, Normen oder Vorschriften sein, diese (implizite Regeln) werden entsprechend der Werte und Einstellungen eines bestimmten kulturellen Umfeldes erworben (z. B. soziale Herkunft, Nationalität, Religion).

Die Regeln bestimmen darüber, was die einzelnen Personen tun dürfen und was nicht. Im Laufe der Erziehung und weiteren Entwicklung erwirbt jeder eine Anzahl von situationsspezifischen Regeln und formt sich so einen individuellen Verhaltenskodex. Dieser enthält Verhaltensregeln für Verhaltenserwartungen an sich und andere Personen für bestimmte Situationen.

Der Verhaltenskodex ist an bestimmte Werte und Einstellungen gebunden und daher an einen festen Bezugsrahmen innerhalb einer Person. Daraus resultieren unterschiedliche Sichtweisen, z. B. darüber, wie die Ziele verfolgt oder Probleme gelöst werden können. Zwangsläufig resultieren aus den unterschiedlichen Sichtweisen unterschiedliche Handlungspläne oder Lösungsansätze. Als Konsequenzen entstehen dann Missverständnisse oder Konflikte.

Divergieren diese Handlungspläne tatsächlich oder vermeintlich, kann es zu einem Konflikt zwischen Mitarbeiter und Führungskraft kommen.

Tritt die oben beschriebene Diskrepanz auf, so ist es an der Führungskraft:

- Persönlichkeitsentwicklungen zu ermöglichen, um eigenes (bei Mitarbeiter und Führungskraft) Rollenverhalten zu identifizieren, zu reflektieren und zu verändern (Feedback- und Reflexionstechnik),
- Teamentwicklung durchzuführen, um so die beiderseits bestehenden Verhaltensmuster aufzubrechen und dadurch die Möglichkeit zu bieten, Vereinbarungen für ein neues Verhalten zu treffen und
- Möglichkeiten zur Förderung der Konsensbildung zwischen Führungskraft und Mitarbeitern (z. B. durch Systematisierung von Besprechungen durch Moderations-, Visualisierungs- und Konfliktmanagementtechnik) zu schaffen.

3.6 Potenzialfeld 5: Mitarbeiterzufriedenheit

Potenzialfeld 5 beschreibt die Diskrepanz zwischen dem vom Mitarbeiter wahrgenommenen und dem von ihm erwarteten Führungsverhalten.

Bild 2: *Eigeninitiative*

Hier vergleicht der Mitarbeiter das wahrgenommene mit dem von ihm erwarteten Führungsverhalten und entscheidet, ob seine individuellen Bedürfnisse, Wünsche und Erwartungen erfüllt wurden. Der Mitarbeiter vergleicht, ob die ihm übertragenen Aufgaben mit dem seiner Befähigung entsprechenden Handlungsspielraum versehen sind und ob er die von ihm erwartete Anerkennung (z. B. neben persönlichen Belobigungen auch Prämien oder Aufstiegsmöglichkeiten) auch von der Führungskraft erhält. Ist das Ergebnis dieses Vergleiches für den Mitarbeiter zufrieden stellend, so wird er die von der Führungskraft gewünschten Reaktionen zeigen. Dies kann dann als Führungserfolg bezeichnet werden. Ist hingegen der Mitarbeiter mit dem Ergebnis unzufrieden und ändert sich auf Dauer an dieser Situation nichts, dann können sich aktive oder passive Widerstände, Angst, Frustration usw. aufbauen.

Das Potenzialfeld 5 wird bei Befragungen hinsichtlich der Mitarbeiterzufriedenheit zu erfassen versucht, denn erst hier werden die Diskrepanzen der Potenzialfelder 1 bis 4 für den Mitarbeiter spürbar. Um diese Diskrepanzen zu beseitigen, sind die zielgruppen- und problemorientierten Maßnahmen, die sich aus den Potenzialfeldern 1 bis 4 ergeben, durchzuführen.

4 Die sieben Coaching-Techniken

Für die Veränderung von Denk- und Verhaltensweisen reicht es nicht aus, der Führungskraft oder den Mitarbeitern Wissen über zukünftig erwünschte Verhaltensweisen zu vermitteln. Es müssen vielmehr das soziale Regelsystem und das Rollenverhalten von Führungskraft und Mitarbeitern identifiziert, kritisch hinterfragt und neue Verhaltensweisen eingeübt werden.

Aus dem Wettkampfsport ist der Begriff **Coaching** bekannt, der heute auch für das betriebliche Umfeld in folgenden Formen angewendet wird:

- Coaching als Führungsaufgabe, d. h. die Führungskraft begleitet, fördert und berät ihre Mitarbeiter.
- Coaching durch interne oder externe Trainer, die als neutrale Außenstehende entsprechend der Zielsetzung methodische Unterstützung liefern.

Coaching ist ein Einzel- oder Gruppenberatungsprozess, der zum Ziel hat, mit Hilfe geeigneter Methoden Wahrnehmungsblockaden bzgl. des bestehenden Regelsystems und Rollenverhaltens zu lösen und Selbstorganisationsprozesse in Gang zu setzen.

Die Führungskraft soll einzeln oder zusammen mit ihren Mitarbeitern in die Lage versetzt werden, ihre Fähigkeiten bei der Lösung von Problemen und der Bewältigung von Arbeitsanforderungen besser zu nutzen oder die Techniken selbst einzusetzen.

Coaching dient dabei der stärkeorientierten Veränderung von Denk- und Verhaltensweisen mit Hilfe von zukunfts-, lösungs- und handlungsorientierten Vorgehensweisen. Dafür ist der systematische Einsatz folgender Coaching-Techniken hilfreich:

- Systemtechnik,
- Moderationstechnik,
- Visualisierungstechnik,
- Konfliktmanagementtechnik,
- Gesprächsführungstechnik,
- Feedbacktechnik und
- Reflexionstechnik.

Im Folgenden sollen diese Techniken für den Einsatz im betrieblichen Umfeld beschrieben werden.

Die Coaching-Techniken wurden im Wesentlichen den Erkenntnissen der Sozialwissenschaften entlehnt und sollen Führungskräfte wie auch Mitarbeiter dabei unterstützen, ihre Verhaltensweisen kritisch zu reflektieren und methodisch zu verändern.

Die Coaching-Techniken dienen der Verbesserung von Kommunikations-, Kooperations-, Konflikt-, Feedback- und Reflexionsprozessen bei der Arbeit in und mit Mitarbeitergruppen.

4.1 Systemtechnik

WORUM GEHT ES?

Der Begriff **System** geht auf das griechische Wort *systema* zurück, was „das aus mehreren Teilen zusammengesetzte und gegliederte Ganze" [*Drosdowski 1989*] bedeutet.

Nach DIN EN ISO 9000:2000 ist ein System „ein Satz von in Wechselbeziehung oder Wechselwirkung stehenden Elementen". Deren jeweilige Ausprägung und ihre Wechselwirkungen (bzw. Beziehungen) bestimmen das Systemverhalten. Systeme bestehen demnach aus Elementen, die durch Beziehungen miteinander verknüpft sind.

Die Elemente und Beziehungen bilden ein Gefüge und weisen eine Ordnung auf. Dies ist die Struktur eines Systems, die bestimmten Anordnungsmustern oder Ordnungsprinzipien folgt (z. B. Unternehmenshierarchie, Netzwerk-, Feedbackstrukturen).

Ein zu betrachtendes System (z. B. eine Abteilung) wird durch eine Systemgrenze von seiner Umwelt abgegrenzt. Die Systemgrenze wird entsprechend dem Betrachtungsgegenstand willkürlich gezogen. Das gesamte Unternehmen oder nur eine Abteilung können von ihrer Umgebung abgegrenzt und hinsichtlich der Fertigungs-, Geschäfts- und Materialflussprozesse betrachtet werden.

Das wesentliche Prinzip der Systemtechnik besteht darin, durch modellhafte Abbildungen komplexe Zusammenhänge zu veranschaulichen [*Halberfellner 1999*].

Alle Formen menschlicher Interaktion stellen offene Systeme dar, weil sie starken Einflüssen von außen unterworfen sind bzw. in lebenswichtigen Wechselbeziehungen zu ihrer Umwelt stehen (Bild 3) [*Watzlawick u. a. 2000*].

Offene Systeme können nicht unabhängig von ihrer Umwelt betrachtet werden. Sie sind geprägt durch Komplexität und verändern sich mit jedem Geschehen und Handeln der Elemente. Jedes Verhalten des Systems wirkt auf sich selbst zurück und wird damit zum Ausgangspunkt für neues Verhalten des Systems oder der Elemente.

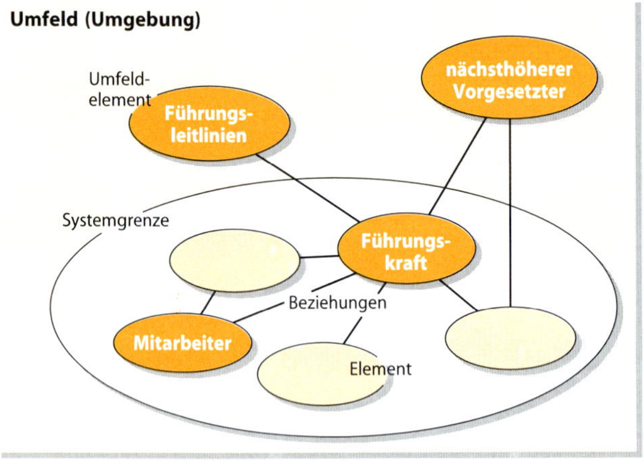

Bild 3: *Grundbegriffe der systemischen Betrachtung*

Quelle: in Anlehnung an Halberfellner; Daenzer 1999, S. 5.

Das Systemverhalten ist ein von Störungen begleiteter Prozess des ständigen Veränderns. Jeder Beteiligte des Systems ist ebenfalls Gestalter und als solcher in Systemveränderungen einzubeziehen.

Offene Systeme unterliegen einer dynamischen Ordnung. Diese beinhaltet nicht nur die Struktur des Systems, sondern auch dessen Verhalten. So führt die optimale Ausgestaltung der Teilbereiche eines Systems nicht zwingend zur Optimierung des ganzen. Nur unter Berücksichtigung aller Vernetzungen können die erfolgreiche Planung, Gestaltung und langfristige Verbesserung eines komplexen Systems gewährleistet werden.

Im Unterschied zu anderen systemtheoretischen (technischen oder biologischen) Ansätzen können sich in sozialen

Systemen die Elemente (Personen) ein Bild von der Situation machen, auf dessen Basis sie handeln, d. h. die Elemente sind Personen, die unabhängig vom System Bedürfnisse, Wünsche, Erwartungen und Interessen haben. Sie verfolgen dadurch individuelle Ziele und treffen entsprechende Entscheidungen, die die Entwicklung des Systems beeinflussen.

WAS BRINGT ES?

Mit Hilfe der Systemtechnik lassen sich komplexe Systeme bzw. Probleme in übersichtliche Einheiten gliedern. Die der Systemtechnik zugrunde liegenden Verfahrensweisen zwingen die an der Problemlösung bzw. Zielfindung Beteiligten, eine vordefinierte Schrittfolge einzuhalten. Dadurch können:

- Aktivitäten im Problemlösungszyklus sinnvoll gestaltet,
- Aktionismus und oberflächliche Lösungen verhindert,
- unterschiedliche Sichtweisen transparent gemacht und
- Konsens mit allen Beteiligten hinsichtlich der Lösung von Problemen oder dem Erarbeiten von Zielen hergestellt werden.

Durch Abstraktion und Vereinfachung der Realität können entsprechend der Problemstellung und Situation die wesentlichen Aspekte betrachtet werden. Gleichzeitig werden jedoch die Zusammenhänge und Wechselwirkungen mit einbezogen.

Untersuchungsbereiche bei einem Unternehmen, das als soziales System betrachtet wird, sind daher:

- System-Umwelt-Beziehungen (z. B. Auftraggeber, Kunden, Lieferanten),
- Ziele des Systems (z. B. Kundenzufriedenheit, Mitarbeiterzufriedenheit),

- Strukturen und Prozesse (z. B. Aufgaben, Ressourcen, Abläufe) sowie
- Elemente des Systems (z. B. Verhalten, Regeln, Rollen, Fähigkeiten).

Mit Hilfe der Systemtechnik kann Transparenz über Strukturen und Prozesse aller Art (z. B. Produktions-, Kommunikations- und Führungsprozess) geschaffen werden, und die darin enthaltenen Probleme können identifiziert werden. Weiterhin ermöglicht es die Systemtechnik, eine entsprechende Klärung von Abläufen, Wirkungszusammenhängen und Zuständigkeiten vorzunehmen sowie durchzuführende Aktivitäten und entsprechende Zuständigkeiten zur Beseitigung der Probleme festzulegen. Sie unterstützt das methodische Lösen von Problemen. Durch realistisches Einschätzen von Möglichkeiten und Abschätzen der sich daraus ergebenden Konsequenzen können realistische Ziele gesteckt und durch Veränderung der Interaktionsstrukturen und Regeln des sozialen Systems neue Formen der Zusammenarbeit entwickelt und integriert werden.

WIE GEHE ICH VOR?

Entsprechend der Zweckmäßigkeit und der Problemrelevanz können Systeme umgebungs-, wirkungs-, struktur- und interaktionsorientiert betrachtet werden. Im Folgenden werden die unterschiedlichen Betrachtungsweisen kurz beschrieben.

4.1.1 Die umgebungsorientierte Systembetrachtung

Bei der **umgebungsorientierten** Betrachtungsweise (Bild 4) wird zunächst das System (z. B. die Arbeitsgruppe) selbst vernachlässigt und als **Black Box** betrachtet. Der Betrachtungsschwerpunkt liegt auf den Zusammenhängen zwischen dem System und der Umgebung. Dabei bietet es sich an, zunächst nach Art und Umfang der externen Faktoren zu fragen, die die Funktions- und Verhaltensweisen des Systems beeinflussen.

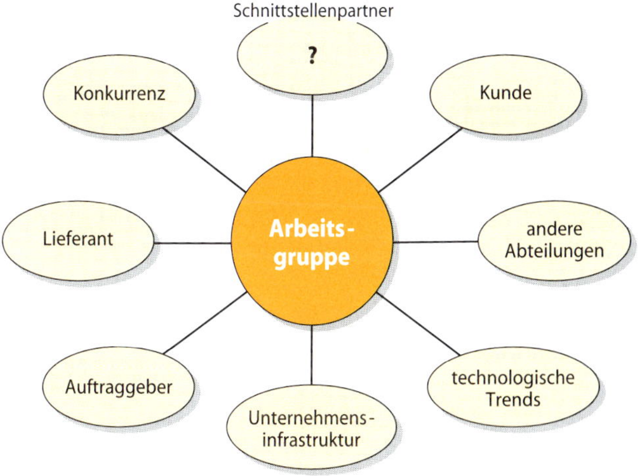

Bild 4: *Umgebungsorientierte Systembetrachtung*

Quelle: in Anlehnung an Halberfellner; Daenzer 2000, S. 11.

Beispielsweise können bei der umgebungsorientierten Systembetrachtung die Schnittstellen einer Abteilung oder einer Projektgruppe zu Kunden, Konkurrenten, Lieferanten, Auftraggebern etc. aufgezeigt werden. Anschließend werden die Schnittstellenbeziehungen betrachtet und beschrieben. Daraus können Übersichten über alle nach außen gehenden Verbindungen (z. B. abteilungs- oder unternehmensübergreifend) erstellt oder Strategien für den Umgang mit den Schnittstellenpartnern entwickelt werden [*Halberfellner 2000*].

4.1.2 Die wirkungsorientierte Systembetrachtung

Die **wirkungsorientierte** Betrachtung (Bild 5) eines Systems prüft, welche Verhaltensmöglichkeiten das System auf die aus der Umgebung identifizierten Einwirkungen oder Einflussgrößen (Inputs) und welche Auswirkungen bzw. Ausgangsgrößen (Outputs) dies wiederum auf die Umgebung hat. Die eigentlichen Wirkungszusammenhänge im System selbst können auch bei dieser Betrachtungsweise vernachlässigt werden. Da hier ein Übergangszustand betrachtet wird und ggf. Steuergrößen des Systems identifiziert werden können, sind interne Zusammenhänge grob in die Betrachtung einzubeziehen. Das System wird als **Grey Box** aufgefasst.

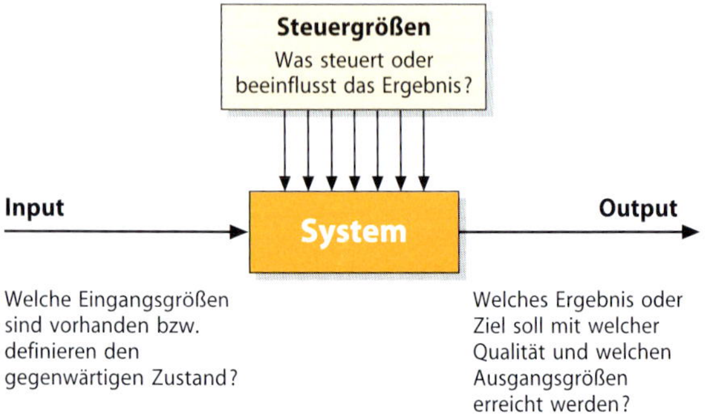

Bild 5: *Wirkungsorientierte Systembetrachtung*

Quelle: in Anlehnung an Halberfellner; Daenzer 1994, S. 11.

Die wirkungsorientierte Systembetrachtung ist ein Hilfsmittel für Führungskräfte zur groben Beschreibung des Zustands und der Qualität eines Systems. Das bedeutet, bevor mit der detaillierten Untersuchung bzw. Neugestaltung eines Systems begonnen wird, werden die Funktionsblöcke zunächst grob abgegrenzt und deren angenommene oder erwünschte Funktionen definiert. Dadurch kann das Zusammenspiel (Input-Output) der Problemfelder und Lösungsmöglichkeiten grob aufgezeigt werden. Erst danach wird die strukturorientierte und detaillierte Analyse der Problemfelder oder Gestaltung von Lösungsmöglichkeiten vorgenommen.

Die wirkungsorientierte Systembetrachtung kann für die Definition von Problemen, für die Erstellung von Bilanzen (z. B. Energiebilanzen) und Produktivitätskennziffern, aber auch für die Entwicklung von Zielen verwendet werden.

4.1.3 Die strukturorientierte Systembetrachtung

Bei der **strukturorientierten** Betrachtungsweise (Bild 6) liegt der Fokus auf den Prozessen und Strukturen des Systems. Dabei sind vor allem die dynamischen Wirkungszusammenhänge interessant (z. B. zeitlicher Ablauf von Handlungen sowie die entsprechenden Zuständigkeiten). Damit kann geklärt werden, wie die Eingangsgrößen (Input) in die Ausgangsgrößen (Output) umgewandelt werden (Ist-Prozess) oder werden sollen (Soll-Prozess). Es können der strukturelle Aufbau und Ablauf sowie die entsprechenden Zusammenhänge identifiziert und analysiert werden. Die strukturorientierte Betrachtungsweise dient daher vor allem zur Analyse von Abläufen (z. B. Auftragsabwicklung, Materialfluss, Durchlaufzeiten) oder zum Kreieren von Soll-Prozessen.

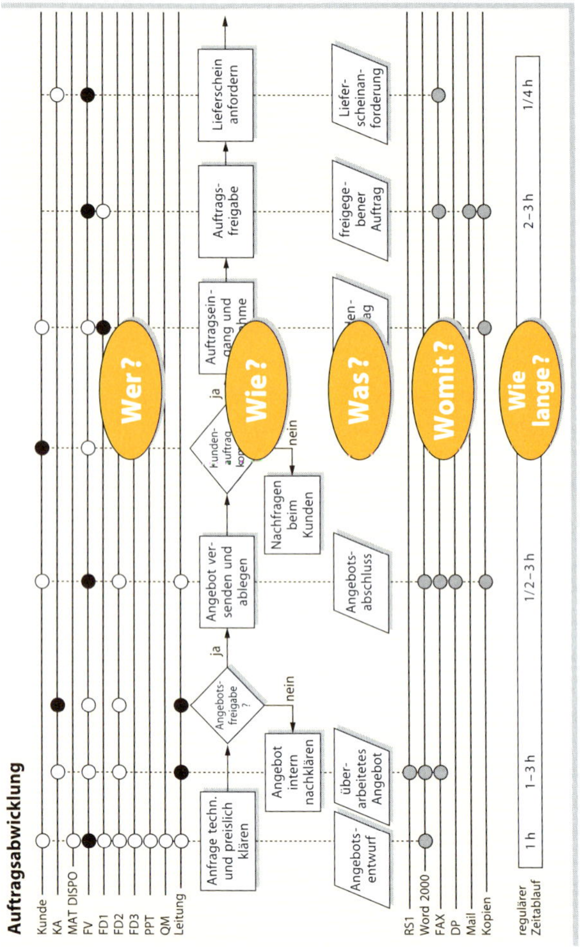

Bild 6: *Strukturorientierte Systembetrachtung*

Quelle: in Anlehnung an Siemens HL top 1996.

Die einzelnen Aktivitäten werden als Prozessschritte (Wie?) festgehalten. Anschließend werden den Prozessschritten die entsprechenden zuständigen und beteiligten Personen (Wer?) und die Outputs (Was?) sowie die für die Aktivitäten benötigten Hilfsmittel (Womit?) und der Zeitaufwand (Wie lange?) zugeordnet. Die in dem Prozessschritt auftretenden oder potentiellen Probleme können dann (ähnlich wie beim Ishikawa-Diagramm) entsprechend lokalisiert werden. Dies schafft Klarheit und Übersicht (Transparenz) über die einzelnen Prozessschritte, darin enthaltene Probleme und deren Ursachen. Es können damit schnell und übersichtlich Sach- und Strukturkonflikte gelöst und die Prozesse optimiert werden.

4.1.4 Die interaktionsorientierte Systembetrachtung

Die **interaktionsorientierte** Betrachtungsweise von Systemen bezieht sich nur auf soziale Systeme (Bild 7). Bei ihrer Betrachtung werden auch hier zunächst die Grenzen des Systems festgelegt. Es werden systeminterne (Menschen, Strukturen, Ausstattungen) und systemexterne Elemente (Kunde, Auftraggeber) sowie Ziele, Funktionen, Produkte und Erträge des Systems definiert. Bei dieser Betrachtungsweise werden die Wechselwirkungen zwischen den Elementen (d. h. die individuell handelnden Personen) identifiziert und analysiert. Dabei liegt der Betrachtungsschwerpunkt auf:

- individuell verschiedenen Fähigkeiten, Fertigkeiten, Bedürfnissen, Wünschen, Erfahrungshintergründen und Erwartungen,
- der subjektiven Wahrnehmung, die aufgrund individuell verschiedener Fähigkeiten, Fertigkeiten, Bedürfnisse, Wünsche, Erfahrungshintergründe und Erwartungen geprägt wird,

- Interaktionsstrukturen und
- formalen sowie informellen Regeln.

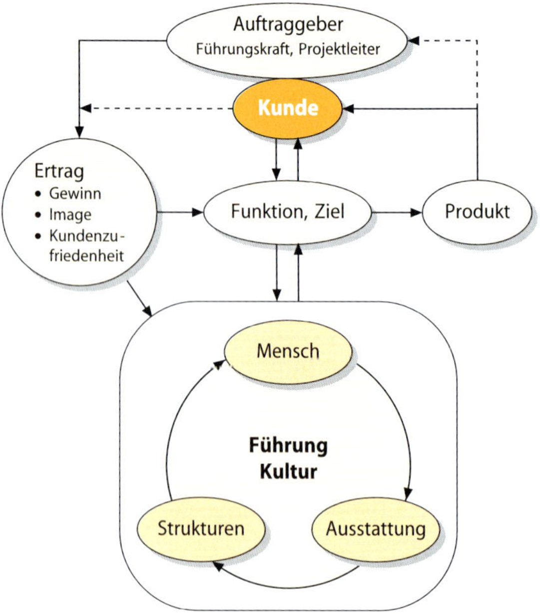

Bild 7: *Interaktionsorientierte Systembetrachtung*

Quelle: in Anlehnung an Mayrshofer u. a. 1999, S. 194.

Jede im System befindliche Person hat andere Fähigkeiten, Fertigkeiten, Bedürfnisse, Wünsche und Erwartungen, die sie in das System einbringt. Daraus resultieren individuelle Ziele, die das Gesamtsystemverhalten beeinflussen. Die Wahrnehmung unterschiedlicher Personen in gleichen Situationen kann übereinstimmend oder unterschiedlich sein.

Dies hat Einfluss auf die Interaktionsstrukturen, d.h. die Personen in einem System beeinflussen sich wechselseitig, wodurch Interaktionsstrukturen bzw. immer wiederkehrende Verhaltensweisen geprägt werden. Das Verhalten jedes sozialen Systems wird durch soziale Regeln bestimmt, die entweder explizit (z.B. Standards, Gesetze, Vorgaben) oder implizit (z.B. informelle Regeln) gelten.

Soziale Regeln sind situationsspezifisch und sorgen für ein relativ stabiles Verhalten von Personen in sozialen Gruppen. Besonders die informellen Regeln werden durch Beobachtung sowie praktisches Handeln individuell erlernt. Diese (Verhaltens-) Regeln sind nicht transparent und variieren von Kulturkreis zu Kulturkreis.

Ein soziales System, z.B. eine Abteilung, wird zudem durch die Konkurrenz am Markt, gesetzliche Bestimmungen und das kulturelle Umfeld der Mitarbeiter von außen beeinflusst. Mit Hilfe der interaktionsorientierten Betrachtungsweise (Bild 7) können die Wechselwirkungen und ihre Ursachen sowie Auswirkungen analysiert und aufgezeigt werden. Die informellen Regeln können identifiziert und transparent gemacht werden.

4.2 Moderationstechnik

WORUM GEHT ES?

Moderation bedeutet im ursprünglichen Sinn „Mäßigung bzw. Schlichtung zwischen zwei oder mehreren Personen". Der Begriff **moderieren** wurde bereits im 16. Jh. dem lateinischen Verb *moderare*, „mäßigen", entlehnt [*Drosdowski 1989*].

Um eine systematische und partizipative Zusammenarbeit in allen Bereichen und für alle im Unternehmen ablaufenden Prozesse (somit auch Führungsprozesse) gewährleisten zu können, müssen Transparenz über die Prozesse sowie Konsens zwischen Personen mit unterschiedlichen Sichtweisen hergestellt werden. Dafür ist die Moderationstechnik ein geeignetes Hilfsmittel.

Der Erfolg der Moderationstechnik hängt im Wesentlichen von der Rolle und den Fähigkeiten des Moderators ab. Seine Aufgabe ist es, die eigenständige Entwicklung und Zusammenarbeit einer Gruppe zu ermöglichen sowie deren Selbststeuerung zu gewährleisten und aufrechtzuerhalten. Dafür muss der Moderator einerseits die inhaltliche Arbeit methodisch unterstützen und andererseits den emotionalen Prozess der Gruppe steuern. Zu seinen Aufgaben gehört der gezielte Einsatz von Techniken, um:

- das Problem, die Prozesse sowie das Ergebnis der Gruppe transparent zu machen,
- zur Reflexion der Gruppenprozesse anzuregen,
- eine kommunikationsförderliche Atmosphäre herzustellen,
- latente Konflikte aufdecken zu helfen und manifeste Konflikte zu lösen bzw. für die Problemlösung zu nutzen sowie
- die Kreativität der Gruppe zu mobilisieren und
- Konsens zwischen allen Gruppenmitgliedern über die Teil- und Endergebnisse herzustellen.

Die Unterstützung der inhaltlichen Arbeit erfolgt entsprechend der sachlogischen Problembearbeitung:

1. Problemerkenntnis und Problemdefinition,
2. Bildung von Alternativen,
3. Bewertung und Auswahl von Alternativen,
4. Sammeln und Auswerten von Informationen,

5. Durchführung und
6. Erfolgskontrolle.

Deren Ablauf wird jedoch durch die psychologischen Faktoren der Gruppenarbeit beeinflusst.

4.2.1 Phasen des Gruppenprozesses

Jede Gruppe (ab zwei Personen), z. B. eine Lern-, Arbeits- oder Projektgruppe, durchläuft aufgrund des Themas, der Situation, des Umfelds und vor allem der unterschiedlichen Persönlichkeitsmerkmale der Gruppenmitglieder sowie der Führungskraft (oder des Projektleiters) einen ganz spezifischen Gruppenprozess.

Dieser folgt bestimmten Entwicklungsphasen. Auf der Grundlage einer umfangreichen Auswertung von Studien hat Tuckman vier Phasen der Gruppenentwicklung identifiziert (Bild 8):

Die Erfahrung zeigt, dass diese Phasen bei der Arbeit mit Gruppen (z. B. bei Projektmanagement, Kleingruppen, Workshops, auch Besprechungen) tatsächlich immer auftreten.

Werden die Phasen beachtet und mit der Problemlösung oder Aufgabenerfüllung verknüpft, ist ein positives Ergebnis zu erwarten.

Ohne eine adäquate Begleitung, so zeigt die Praxis, können Gruppen jedoch die Phasen Forming und Storming nicht überwinden, weil die Personen innerhalb der Gruppen nicht in der Lage sind, die unterschiedlichen Sichtweisen der jeweils anderen Personen zu akzeptieren. Eine optimale Kooperation und Vertrauensbildung sind daher nicht möglich. Vielmehr besteht ein dauerhaftes Misstrauen, es kommt zu Machtkämpfen und die eigentlichen Sachprobleme werden nicht gelöst.

Phase	Forming Formieren und Orientieren	Storming Bewertung und Rebellion	Norming Lösen und Strukturieren	Performing Arbeitsphase
Aufgaben-verhalten	Definieren der Aufgaben, Identifizieren der Regeln, Festlegen geeigneter Methoden	Abgrenzung hinsichtlich der Aufgaben-anforderungen, unterschiedliche Strategien zur Zielerfüllung	offener Informations-austausch, Einsatz der Ressourcen, Kooperation	Freisetzung von Problem-lösungs- und Entscheidungs-potenzialen, konstruktive Aufgabenbe-arbeitung
Gruppenverhalten	Angst und Unsicherheit gegenüber der Situation, Suche nach situations-adäquatem Verhalten	Konflikte zwischen Gruppenmit-gliedern, Polarisierung von Meinungen	gegenseitige Unterstützung, Lösung inter-personeller Probleme, Entwicklung eines Wir-Gefühls	funktionale Gruppen-struktur, flexibles und funktionales Rollenver-halten
Gruppen-struktur	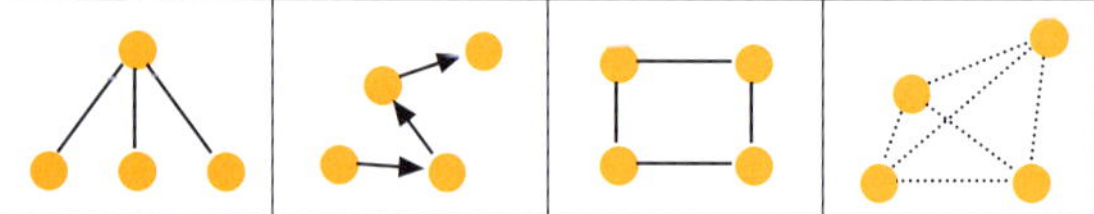			
Effektivität der Gruppen	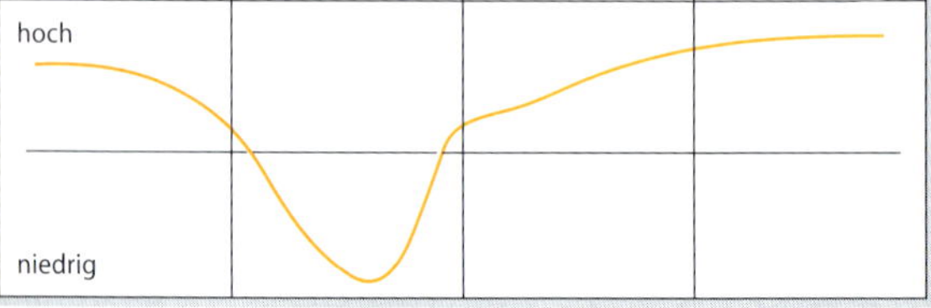			

Bild 8: *Phasen der Gruppenentwicklung*

Die Phasen der Gruppenentwicklung können auf alle Bereiche zwischenmenschlicher Beziehungen (demnach auch auf die Beziehung zwischen Führungskraft und Mitarbeiter) übertragen werden. Nach einer Phase des Kennenlernens (Forming) versuchen Personen, gemeinsame Ziele zu identifizieren. Durch gegenseitiges vorsichtiges verbales Abtasten werden anschließend meist unbewusst die Rollen geklärt, denen implizite Regeln sowie Werte und Normen zugrunde liegen.

An dieser Stelle kommt es zu Konkurrenzsituationen. Es treten Konflikte (Storming) auf, die jedoch als Chance zu betrachten sind.

Denn hierin sind aufgrund der unterschiedlichen Sichtweisen und Erfahrungshintergründe Problemlösungspotenziale enthalten. Sofern die unterschiedlichen Werte und Einstellungen der einzelnen Personen als sich ergänzend und bereichernd betrachtet werden, kann eine Atmosphäre der Offenheit und des gegenseitigen Vertrauens (Norming) geschaffen werden. Dies ist die Voraussetzung für ein optimales Arbeitsklima (Performing).

Die Kenntnis der Entwicklungsphasen von Gruppen ermöglicht es dem Moderator (auch der Führungskraft), sowohl den inhaltlichen als auch den emotionalen Prozess der Gruppe zu steuern.

Das emotionale Gruppengeschehen orientiert sich nicht zwangsläufig am inhaltlichen Problemlösungszyklus. Vielmehr folgt es den Phasen der Gruppenentwicklung, die unbewusst verlaufen. Die Nichtbeachtung dieser Phasen bewirkt eine Verlagerung der emotionalen Spannungen auf die inhaltliche Problemlösungsebene und führt häufig dazu, dass die eigentlichen Sachprobleme nicht gelöst werden können.

WAS BRINGT ES?

Sofern die inhaltlichen wie auch emotionalen Phasen bei Moderationen Beachtung finden, kann mit Hilfe der Moderationstechnik die Kommunikation in Gruppen deutlich verbessert werden. Gleichzeitig wird dadurch Transparenz über Meinungen, Sichtweisen, Einstellungen, Bedürfnisse, Erwartungen, Werte etc. aller Teilnehmer hergestellt. Es wird angestrebt, die Entscheidungsfindung, Problemlösung etc. im Konsens zu erreichen, wobei alle Teilnehmer gleichrangig behandelt werden. Dadurch entstehen Arbeitsergebnisse, mit denen sich die Teilnehmer identifizieren können.

Durch den hohen Grad der Interaktivität können emotionale Aspekte der Zusammenarbeit verdeutlicht und gefördert werden. Die Moderationstechnik kann daher für unterschiedliche Situationen bzw. Veranstaltungen eingesetzt werden, wie tägliche Arbeitsbesprechungen, routinemäßig durchzuführende Projektsitzungen oder unterschiedliche Formen von Meetings, Problemlösungs-, Start(Kick-off)-Veranstaltungen, Teamentwicklungen, Informationsveranstaltungen sowie Präsentationen.

WIE GEHE ICH VOR?

Die Aufgabe des Moderators ist es, den emotionalen und den sachlichen Problemlösungsprozess der Gruppe aufeinander abzustimmen und zu steuern. Das bedeutet für ihn, dass er den Rhythmus seiner Moderation den Bedürfnissen, Wünschen, Erwartungen und Fähigkeiten seiner Zielgruppe anpassen muss.

4.2.2 Der Moderationszyklus

Aus der Kombination von sachlichem Problemlösungszyklus mit den Phasen des Gruppenprozesses leitet sich der im Folgenden beschriebene Moderationszyklus ab [*Klebert u. a. 1996*]:

- **Anwärmphase:** In dieser Phase stellen sich die Teilnehmer auf die Veranstaltung ein. Die Begrüßung ist sehr wichtig, weil sie die Stimmung der Teilnehmer und ihr Wohlbefinden für den gesamten Verlauf der Veranstaltung beeinflusst.
- **Themen-/Problemorientierungsphase:** Diese Phase ermöglicht es der Gruppe, sich ihre gemeinsamen Probleme bzw. Themen bewusst zu machen. Hier werden die Bedeutung der Themen und Probleme für die einzelnen Teilnehmer geklärt und die jeweils unterschiedlichen Sichtweisen offen gelegt. Ist das Thema für die Gruppe nicht wichtig, dann ist entweder die Gruppe für die Bearbeitung des Themas nicht ausreichend informiert oder nicht richtig zusammengesetzt. Ist das Thema für die Gruppe wichtig, dann sollten alle Teilnehmer innerhalb dieser Phase in den Problemlösungsprozess integriert werden, um ihren Beitrag für das Gelingen der Veranstaltung leisten zu können. Gelingt dies, ist der erste Schritt zur Identifikation mit dem Thema geleistet.
- **Themen-/Problembearbeitungsphase:** In dieser Phase wird die eigentliche Problembearbeitung durchgeführt. Auf der Suche nach Lösungen findet ein intensiver Kommunikationsprozess zwischen den Teilnehmern statt, in dem Argumente ausgetauscht, Widersprüche aufgedeckt, Einstellungen sichtbar und Kontroversen ausgetragen werden.
- **Ergebnisintegrationsphase:** Die Akzeptanz einer Moderation hängt weit gehend davon ab, ob es gelingt, zu einem Ergebnis zu kommen. Dafür ist es notwendig, die drängendsten Probleme zu bearbeiten bzw. Lösungsalternativen auszuwählen.

- **Handlungsorientierungsphase:** In dieser Phase wird ein von allen getragener Aktivitätenkatalog mit klar formulierten und von allen akzeptierten Maßnahmen erstellt. In ihm werden Aufgaben mit Terminen für die einzelnen Personen festgelegt, damit die Umsetzung bzw. Übertragung in den Arbeitsalltag gewährleistet werden kann. Darin muss auch das weitere Vorgehen festgelegt werden.
- **Abschlussphase:** Um ein Erfolgserlebnis deutlich zu machen, werden die sachlichen Ergebnisse wiederholt und der Prozess reflektiert, mit dem das Ergebnis zustande (oder nicht zustande) gekommen ist. Durch das Verdeutlichen der positiven und negativen Emotionen, die während der gesamten Veranstaltung aufgetreten sind, wird überprüft, ob die Bedürfnisse, Wünsche und Erwartungen der Teilnehmer erfüllt wurden.

Die einzelnen Phasen haben immer eine sachliche und eine emotionale Funktion, die im Folgenden stichwortartig zusammengefasst werden (Bild 9).

Diese Phasen können durch geeignete Werkzeuge unterstützt werden (siehe dazu *Pocket Power Moderationstechniken*).

Die geeigneten Werkzeuge sind jedoch sorgfältig zielgruppen- und problemorientiert auszuwählen. Dabei ist es wichtig, sich die Frage zu stellen: *„Was will ich in welcher Phase mit welchem Instrument erreichen?"*

Phase	Sachliche Funktion	Emotionale Funktion
Anwärmphase	• Teilnehmer begrüßen • Vorstellen und Abstimmen der Tagesordnung • Vereinbaren der Rahmenbedingungen (Regeln, Dokumentation, Pausen etc.) • Hinführen zum Thema	• Teilnehmer ankommen lassen • Verbindung zu und zwischen den Teilnehmern herstellen • Vereinbaren der Erwartungen, Wünsche und Bedürfnisse der Teilnehmer • Klärung der Rollen
Themen- bzw. Problemorientierungsphase	• Visualisieren aller in der Gruppe geäußerten Gedanken (Karten, Pinnwand etc.) • Probleme, Sichtweisen sammeln, ordnen und verdichten • Problembewusstsein für das Thema schaffen • Fokussieren der Gruppe auf das Ziel der Veranstaltung • Problem formulieren	• Interesse für das Thema wecken • Durch Integration der Bereiche und Hierarchieebenen Meinungsvielfalt ermöglichen • Beteiligung aller Teilnehmer gewährleisten
Themen- bzw. Problembearbeitungsphase	• Priorisieren und Präzisieren der zu bearbeitenden Themen und Probleme • Klären der Ursachen und Hintergründe der zu bearbeitenden Themen und Probleme • Lösungsideen entwickeln • Entscheidungen für die einzelnen Lösungsalternativen vorbereiten	• Kommunikativ-kreative Atmosphäre schaffen, fördern und aufrechterhalten • Ernstnehmen und Aufnehmen aller Ideen und Einwände • Einbeziehen aller Teilnehmer
Ergebnisintegrationsphase	• Konsequenzen der Lösungsalternativen prüfen • Lösungsalternativen auf Realisierbarkeit abwägen • Identifizieren der für die Zielsetzung am besten geeigneten Alternative • Entscheidung treffen	• Alle Bedenken oder Schwierigkeiten gegen Lösungsalternativen aussprechen lassen oder besprechbar machen • Konsens zwischen den einzelnen Teilnehmern herstellen

Phase	Sachliche Funktion	Emotionale Funktion
Handlungsorientierungsphase	• Planen der Einzelaktivitäten • Vereinbarungen treffen • Formulieren der Einzelaktivitäten (Wer, Was, mit Wem, bis Wann ...) • Planen des weiteren Vorgehens	• Sicherstellen der Umsetzung • Selbstverpflichtungen ermöglichen • Verbindlichkeiten erzielen • Realitätsbewusstsein herstellen
Abschlussphase	• Reflektieren der Qualität der sachlichen und inhaltlichen Ergebnisse • Reflektieren des Prozesses, mit dem das Ergebnis (nicht) entstanden ist • Abschluss finden	• Transparenz über Zufriedenheit oder Unbehagen mit dem Ergebnis und dem Verlauf der Veranstaltung herstellen • Verabschieden der Teilnehmer

Bild 9: *Sachliche und emotionale Funktionen der Moderationsphasen*

Quelle: Mayrshofer; Kröger 1999.

Bild 10: *Anwärmphase*

4.3 Visualisierungstechnik

WORUM GEHT ES?

Für die Wahrnehmung stehen dem Menschen fünf Sinne zur Verfügung, so dass er akustische, visuelle, olfaktorische, gustatorische oder kinästhetische Informationen verarbeiten kann. In der Regel werden jedoch für Problemlösungen, Entscheidungsfindungen und andere Themenbearbeitungen in Gruppen nicht alle Sinne ausreichend und adäquat genutzt.

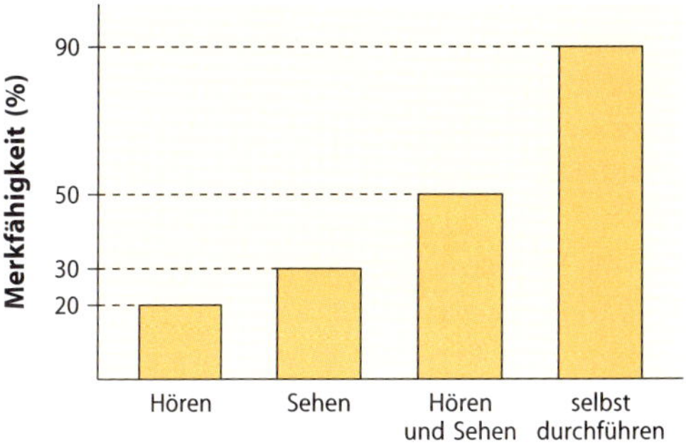

Bild 11: *Merkfähigkeit*

Quelle: in Anlehnung an Seifert 1994, S. 13.

Visualisieren bedeutet, etwas bildlich auszudrücken. Es können Sachverhalte, Prozesse, Diskussionen und Gefühle optisch dargestellt werden. Dabei wird nicht das gesprochene Wort ersetzt, vielmehr ist es das Ziel der Visualisierung:

- die Aufmerksamkeit des Publikums (Betrachter, Teilnehmer etc.) zu konzentrieren,
- das Publikum einzubeziehen,
- den Redeaufwand zu verkürzen,

- die Sprache zu vereinheitlichen bzw. sicherzustellen, dass alle von derselben Sache sprechen,
- dem Publikum eine Orientierungshilfe zu geben,
- Informationen leicht(er) erfassbar zu machen,
- Gesagtes zu erweitern und zu ergänzen,
- das Behalten bzw. die Merkfähigkeit zu fördern,
- zu Stellungnahmen zu ermuntern und
- die Kreativität zu fördern.

In den 60er Jahren wurde von Sperry entdeckt, dass die beiden Hirnhälften nur jeweils einen bestimmten Teil der über die Sinnesorgane aufgenommenen Informationen be- bzw. verarbeiten. Es wurde durch Experimente nachgewiesen, dass die linke Hirnhälfte bei den meisten Menschen überwiegend auf das abstrakte Denken (analytisches Vorgehen, Logik, Grammatik etc.) ausgerichtet ist und die rechte Hirnhälfte auf das kreative Denken (Intuition, Bilder, Formen, Symbole, Farbe, ganzheitliches Erfassen etc.). Durch Erziehung, Bildung und Berufsleben wird das abstrakte Denken häufig besser ausgeprägt als das kreative [*Höhler 1997*].

Probleme werden zunehmend komplexer. Logik und Fachwissen können Kreativität, Intuition, symbolisches und ganzheitliches Denken nicht ersetzen, wenn neue Ideen bzw. Strategien entwickelt bzw. unübersichtliche komplexe Zusammenhänge erkannt werden müssen. Dafür werden beide Hirnhälften benötigt. Visualisierungen regen die Kreativität der Teilnehmer und Beobachter an. Sie dienen als Hilfsmittel zur Schaffung von Übersicht und Transparenz. Mittels bildhafter Darstellung können Daten und Informationen geordnet, zusammenhängend veranschaulicht und somit komplexe Sachverhalte verdeutlicht werden. Ihre Beurteilung wird dadurch erleichtert und die Kommunikation verbessert [*Norretranders 1994*].

WAS BRINGT ES?

Ein wichtiges Hilfsmittel für Moderationen sowie für alle Arten von Daten- und Ergebnispräsentationen ist die Visualisierungstechnik. Sie kann überall dort eingesetzt werden, wo Informationen transparent und schnell verfügbar sein müssen.

Da visualisierte Aussagen eine gleiche Interpretation z. B. der Ergebnisse bei allen Teilnehmern bzw. Beobachtern ermöglichen, wird die Chance erhöht [*Klebert u. a. 1996*]:

- Probleme besser diskutieren zu können,
- die Teilnehmer bzw. Beobachter auf einen gemeinsamen Punkt zu konzentrieren,
- wesentliche von unwesentlichen Informationen zu trennen,
- eine (unnötige) Informationsüberflutung zu vermeiden,
- simultan zur Gruppenarbeit bzw. zur Besprechung die Problemlösung festzuhalten,
- einen Informationsverlust zu vermeiden,
- einen sofortigen Zugriff auf die in einer Gruppenarbeit oder Besprechung erarbeiteten Ergebnisse und Zusammenfassungen zu haben,
- eine sofortige Dokumentation und Informationsweitergabe zu realisieren sowie
- individuelle Interpretationen beim Verfassen z. B. von Protokollen zu vermeiden.

Die Visualisierungstechnik kann daher z. B. verwendet werden zum Darstellen von:

- Abläufen, Strukturen, Zielen, Kennzahlen etc.,
- standardisierten Vorgehensweisen,
- geplanten Maßnahmen,
- Ergebnissen, Problemen und
- Diskussionen.

WIE GEHE ICH VOR?

Eine aussagekräftige Visualisierung muss gründlich vorbereitet werden. Der Kreativität sind bei der Gestaltung zwar keine Grenzen gesetzt, für den optimalen Erfolg gilt es jedoch, die Grundlagen der bildhaften Darstellung zu kennen und zu berücksichtigen. Diese beinhalten Kenntnisse über:

4.3.1 Planung einer Visualisierung

Hierzu gehört die Informationssammlung und -selektion. Dafür ist es notwendig, sich Klarheit über das Ziel, die Zielgruppe und den Inhalt der Visualisierung zu verschaffen.

Klare Zielformulierung:

1. Warum ist das Thema ein Thema?
2. Wofür wird die Visualisierung benötigt?
3. Was genau ist das Ziel der Visualisierung?

Zielgruppe fokussieren:

4. Für wen ist die Visualisierung gedacht?
5. Wer benötigt welche Informationen in welcher Form?

Inhalt festlegen:

6. Welche Informationen müssen beschafft werden? Welche davon sind unerlässlich?
7. Welche Schlüsse sollen daraus gezogen werden?
8. Bis zu welchem Zeitpunkt?
9. Welcher Aufwand ist für die Informationsbeschaffung notwendig, welcher zulässig?
10. Wo und wie können die Informationen beschafft werden?
11. Wer kann mit der Beschaffung beauftragt werden?
12. Wie können die beschafften Informationen selektiert bzw. komprimiert werden?

4.3.2 Gestaltungselemente und Bausteine für eine Visualisierung

Hier geht es darum, wie (Text, Grafik, Symbole, Diagramme, Tabellen etc.) und womit (Flipchart, Packpapier, elektronische Kopierwand, Overhead-Projektor etc.) die geplanten Inhalte logisch aufgebaut und dargestellt werden sollen.

Jede Visualisierung benötigt einerseits die inhaltlichen Elemente, die dargestellt bzw. vermittelt und andererseits die Medien, mit denen die Informationen physikalisch aufbereitet werden sollen. Beide zusammen sind die Gestaltungselemente bzw. Bausteine der Visualisierung.

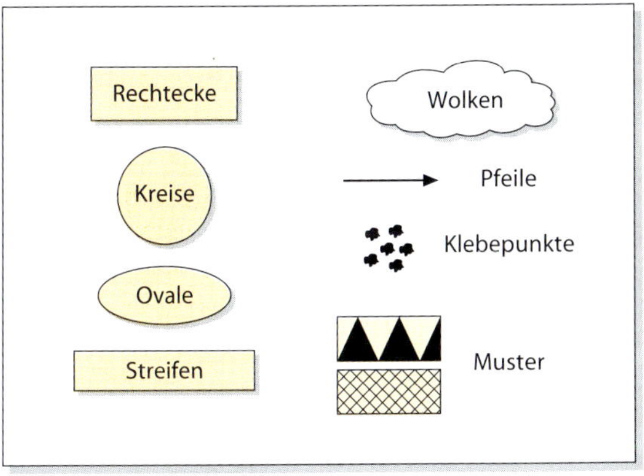

Bild 12: *Visualisierungssymbole*

Gestaltungselemente sind z. B. Symbole (Bild 12), die zum Verdeutlichen und/oder Hervorheben von Informationen, zum Auflockern „trockener" Themen sowie zur Förderung von Kreativität dienen. Die eingesetzten Mittel und Formen der Darstellung sollen das Gesagte deutlich ausdrücken. Es ist darauf zu achten, Farben und Formen zielgerichtet einzusetzen, denn dann schaffen sie Klarheit über Gedankengänge bzw. den Zusammenhang von Sachverhalten. Das Hervorheben von Überschriften bzw. wichtigen Themen dient der gemeinsamen Konzentration auf einen Gedanken.

4.3.3 Regeln für die Komposition einer Visualisierung

Die Gestaltungselemente Text, freie Grafik und Symbole sowie Diagramme etc. werden auf Medien wie Packpapier, Flipchart oder Overhead-Folie zu einer präsentationsreifen Vorlage zusammengestellt. Um eine gelungene und optisch klare Grundgestaltung zu erreichen, ist es notwendig, eine geeignete Blattaufteilung zu wählen. Die Anordnung der Gestaltungselemente muss dabei einer bestimmten Logik und Anordnung (Bild 13) folgen.

Um wichtige Informationen hervorzuheben, Zusammenhänge zu verdeutlichen, Querverweise zwischen den einzelnen Darstellungen herzustellen und aufeinander folgende Darstellungen miteinander zu verbinden, muss der gezielte Einsatz von Farben und Formen sorgfältig geplant werden.

Es existiert eine Vielzahl von Darstellungstechniken. Diese eignen sich sowohl für die Darstellung statistischer Sachverhalte als auch für die Darstellung von Strukturen (Aufbauorganisation), Abläufen (Ablauforganisation) oder Strukturierung von Gedanken (siehe dazu *Pocket Power Qualitätstechniken, Moderationstechniken, Qualitätstechniken für die Dienstleistung*).

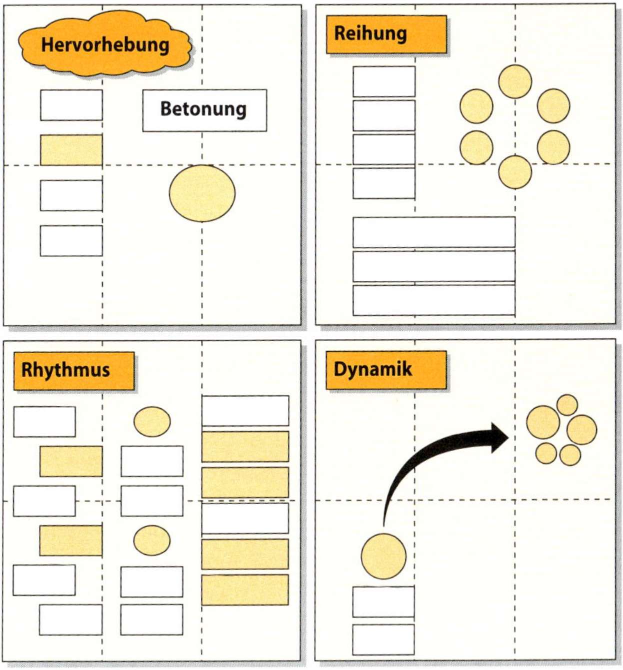

Bild 13: *Anordnung der Gestaltungselemente*

4.4 Konfliktmanagementtechnik

WORUM GEHT ES?

Sobald zwei Menschen zusammenkommen, treffen individuelle Wünsche, Erwartungen, Bedürfnisse, Wertvorstellungen und Sichtweisen aufeinander (siehe dazu Bild 8: Phasen der Gruppenentwicklung, S. 40), die, sofern kein Angleichen der Sichtweisen möglich ist, zu Auslösern von Konflikten werden.

Der Begriff **Konflikt** wurde im 18. Jahrhundert dem lateinischen Wort *conflictus* entlehnt, was „Zusammenstoß, Widerstreit, Zwiespalt oder Kampf" bedeutet [*Drosdowski 1989*]. Konflikte werden daher meist als störend, bedrohlich und destruktiv erlebt. Daher versuchen die meisten Menschen, Konflikten auszuweichen. Ist dies nicht möglich und wird der Konflikt schließlich ausgetragen, so kommt es nicht selten zu Eskalationen in Form von persönlichen Beschimpfungen oder aufreibenden Machtkämpfen.

Durch die zunehmende Bedeutung der Zusammenarbeit in (interdisziplinären bzw. interkulturellen) Gruppen müssen die unterschiedlichen Vorstellungen und Sichtweisen berücksichtigt und aufeinander abgestimmt werden, so dass das unterschiedliche Spezialwissen und die Problemlösungspotenziale der Einzelnen als sich ergänzend genutzt werden können.

Untersuchungen [siehe *Staehle 1994*] zum Zusammenhang zwischen Konfliktniveau und organisatorischer Effizienz ergaben, dass sowohl ein zu niedriges (fehlende Ideen, Kreativität und Innovationskraft) als auch ein zu hohes Konfliktniveau (Stress, Intrigen, fehlende Integrationskraft) mit geringer Effizienz verbunden sind. Ein mittleres Konfliktniveau hingegen scheint sich effizienzsteigernd auszuwirken. Ergeben sich ungünstige soziale Effekte, so liegt dies i. d. R. nicht am Auftreten eines Konflikts, sondern an der Art, wie die beteiligten Personen auf ihn reagieren, also am inneren und äußeren Konfliktverhalten.

Aufgrund unterschiedlicher Ausgangspunkte und Untersuchungsgegenstände sind unterschiedliche Konfliktdefinitionen [*Glasl 1999*] entstanden.

Soziale Konflikte werden dabei definiert „als Spannungssituationen, in denen zwei oder mehrere Personen, die voneinander abhängig sind, mit Nachdruck versuchen, scheinbar oder tatsächlich unvereinbare Handlungspläne oder Handlungsabsichten zu verwirklichen und sich ihrer Gegnerschaft bewusst sein können."

In jedem Konflikt ist eine dynamische Eigenantriebskraft enthalten, dadurch ist es zunächst schwierig, eine saubere Abgrenzung der Ursachen eines Konflikts vorzunehmen. Das den Konflikt auslösende Thema gerät in den Hintergrund, und der Konflikt wird zu einem völlig anderen Thema ausgetragen.

4.4.1 Eskalationsstufen von Konflikten

Tatsächlich ist ein Konflikt fast nie ein plötzliches Ereignis. Die Anfänge sind jedoch unauffällig und scheinbar harmlos. Der Konflikt entwickelt sich dann in bestimmten Eskalationsstufen [*Kellner 2000*]:

1. **Potentieller Gegensatz oder unterschiedliche Zielvorstellungen (Diskrepanz):** Verstimmung aufgrund persönlicher oder struktureller Gegensätzlichkeiten. Dies sind häufig völlig banale Ereignisse (z. B. fühlt sich jemand übergangen, weil ein anderer um Rat gefragt wurde), die in der Regel auf unterschiedliche Erfahrungen, Wünsche, Bedürfnisse, Werte und Interessen zurückzuführen sind und einen Spannungszustand hervorrufen.
2. **Wahrnehmung des Konflikts:** Erst in dieser Phase werden die potentiellen Gegensätzlichkeiten oder unterschiedlichen Zielvorstellungen von den Kontrahenten wahrgenommen. Es entwickelt sich eine Konkurrenzsituation, in der sich die Kontrahenten ihrer Gegnerschaft bewusst werden.

3. **Reaktionen auf den wahrgenommenen Konflikt:** Die Gegner entwickeln unterschiedliche Strategien (z. B. Aggression und Zwang, Wettbewerb, Rückzug, Kompromiss, Kooperation), um den Konflikt beizulegen. Es kann bereits zu klärenden Gesprächen kommen, oder aber der Kontakt mit dem Konfliktgegner wird gemieden. Möglicherweise werden bisher unbeteiligte Dritte in den Konflikt einbezogen (z. B. durch Bildung von Koalitionen). Leider suchen diese unbeteiligten Dritten nicht immer Möglichkeiten, den Konflikt zu lösen, sondern beteiligen sich an der Suche nach Lösungs- bzw. Rachestrategien, den Gegner zu blockieren oder zu besiegen. Mehrdeutig formulierte Beleidigungen, Demütigungen und die Demonstration von Stärke finden im Umfeld scheinbar sachlicher Diskussionen statt. Dabei geht es allein darum, den Gegner verbal niederzuschmettern, ihn vor anderen bloßzustellen und ihn einzuschüchtern. An dieser Stelle kann es auch zu offenen Drohungen und Auseinandersetzungen kommen.
4. **Konfliktlösungsmechanismen (Konsens oder Dissens):** In dieser Phase wird der Konflikt durch den Einsatz der Strategien und Taktiken beendet. Dies kann dann entweder zu Sieg oder Niederlage führen, oder die Gegner haben beide einen Nutzen davon.

Auf jeder der Eskalationsstufen kann der Konflikt durch geeignete Maßnahmen gelöst werden. Dafür ist die Kenntnis der bereits beschriebenen Phasen eines Gruppenprozesses notwendig, denn die in der Storming-Phase auftretenden Konflikte können durch die geschickte Steuerung von Gruppen zielführend genutzt werden.

4.4.2 Konfliktlösungsstrategien

Traditionell wird in unserem Kulturkreis versucht, durch **Argumentieren** Konflikte beizulegen. Dieses Vorgehen hat sich aufgrund einer auf Gegensätzlichkeiten und Polarisierung beruhenden Denkweise entwickelt, die denjenigen als Gewinner hervorgehen lässt, der die stärkeren Argumente (Zwang und Nachgeben) hat (Bild 14). Eine mögliche Alternative ist das auf gegenseitiger Toleranz beruhende **Verhandeln.**

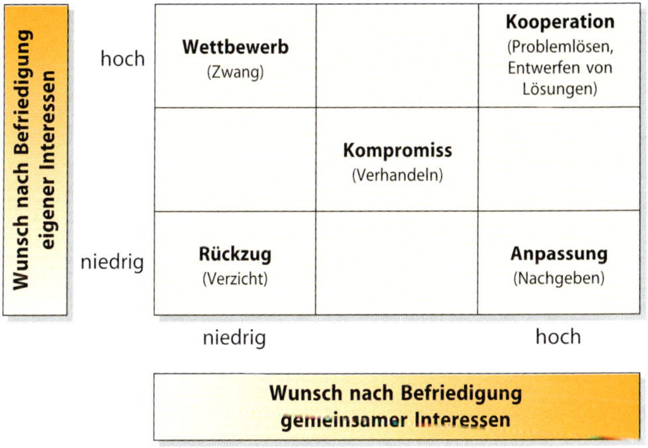

Bild 14: *Konfliktlösungsmechanismen*

Quelle: in Anlehnung an Thomas 1967, S. 900.

Dabei bewegen sich die Kontrahenten in abgesteckten Abgrenzungen und erarbeiten einen Kompromiss. Die Ursachen des Konflikts bleiben jedoch wie beim Argumentieren bestehen. Der Konflikt wird nur verschoben. Auch beim sachlichen **Problemlösen** (Ursache-Wirkungs-Zusammenhänge erstellen), das zunehmend im betrieblichen Umfeld eingesetzt wird, besteht die Gefahr, dass an speziellen Ursachen festgehalten wird und andere Faktoren, z. B. bestehende Beziehungs- und Wertkonflikte, völlig außer Acht gelassen werden. Beim Argumentieren, Verhandeln und bei der üblichen Problemanalyse wird vergangenheitsorientiert gehandelt. Konflikte sind jedoch komplexe Situationen, in denen sich eine Vielzahl von Faktoren in Wechselwirkung befindet und beachtet werden muss (siehe 4.1 Systemtechnik). Konflikte enthalten jedoch Potenziale für völlig neue Lösungen.

Für eine konstruktive Konfliktlösung ist das **Entwerfen von neuartigen (zukunftsorientierten) Lösungen** eine Methode, bei der die Kontrahenten gemeinsam nach neuen Lösungen für ihr Problem suchen und dabei neue Lösungsebenen in Betracht ziehen. Durch einen unparteiischen Dritten wird dabei sowohl die sachliche als auch die emotionale Dimension des Konflikts einbezogen. Das bedeutet, dass die Bedürfnisse, Wünsche, Erwartungen, Werte und Interessen aller Kontrahenten berücksichtigt und in die Konfliktlösung einbezogen werden.

WAS BRINGT ES?

Die Aufgabe des Konfliktmanagements liegt dabei einerseits in der Ermittlung der Ursachen der Entstehung und der Auswirkung von Konflikten und andererseits in der Entwicklung von Maßnahmen zur zielorientierten, bewussten Gestaltung sowie Steuerung von Konfliktfeldern.

Dabei dienen Gestaltungsmaßnahmen der Schaffung einer Organisationsstruktur, durch die Konfliktursachen reduziert bzw. aufgehoben werden und unvermeidbare Konflikte austragbar gemacht werden. Demgegenüber dienen Steuerungsmaßnahmen der direkten Verhaltensbeeinflussung bei Konfliktprozessen.

Mit Hilfe der Konfliktmanagementtechnik

- können die den Konflikten innewohnenden Chancen genutzt werden,
- kann durch die methodische Vermittlung eines unparteiischen Dritten der Eskalationsprozess unterbrochen werden,
- kann der Wettkampf um Sieg-Niederlage-Kategorien in eine gemeinsame Problemlösung zum gegenseitigen Nutzen geführt werden,
- werden im Gegensatz zu autoritären Konfliktlösungen Wünsche, Bedürfnisse, Interessen, Werte und Erwartungen der Kontrahenten in die Konfliktlösung einbezogen, so dass neben den aktuellen Schwierigkeiten auch zukünftige entschärft werden können,
- wird die Kommunikation zwischen Führungskraft und Mitarbeitern sowie zwischen den Mitarbeitern verbessert und der Zusammenhalt gefördert,
- werden Ressourcen für die eigentlichen Aufgaben frei, so dass die Produktivität und Zufriedenheit gleichzeitig gesteigert werden können,
- werden Probleme transparent, Zusammenhänge klarer, und Ziele können deutlicher formuliert werden,
- wird durch die methodische Konfliktaustragung aufgrund der positiven Erlebnisse bei den Beteiligten Konfliktfähigkeit entwickelt und die Kooperation verbessert.

WIE GEHE ICH VOR?

Oft sind Kontrahenten nicht vertraut mit den grundlegenden Regeln und Methoden einer konstruktiven Konfliktlösung.

Die Fähigkeit, Konflikte zu identifizieren und konstruktiv zu lösen, erfordert die Kenntnis der eigenen Muster im Umgang mit Konflikten. Um konstruktive Konfliktlösungen herbeiführen zu können, sollte die Führungskraft, ggf. gemeinsam mit ihren Mitarbeitern, persönliche und organisatorische Verhaltensmuster beim Umgang mit Konflikten identifizieren und analysieren. Dadurch wird es möglich, den eigenen Anteil am Konflikt zu erkennen und nicht emotional involviert zu werden.

Persönliche Konfliktlösungsmuster sind z. B.:
„immer die anderen zu beschuldigen",
„anderen immer Recht zu geben",
„vom Thema abzulenken" und
„Beziehungskonflikte über Sachfragen zu bearbeiten".

Die persönlichen Konfliktlösungsmuster werden bereits in der Kindheit aus den typischen Verhaltensweisen der Herkunftsfamilien in Konfliktsituationen entwickelt und im täglichen Umgang mit Konflikten verfeinert. Die Konfliktlösungsmuster der Organisation haben sich im Laufe der Zeit in der Kultur der Organisation verankert und werden maßgeblich durch das Verhalten der Führungskräfte geprägt.

Um Konflikte in Organisationen zu lösen, ermöglicht häufig ein unabhängiger Dritter durch methodisches Vorgehen, allen Kontrahenten ihre Sichtweise vorwurfsfrei und ausführlich darzulegen, so dass für alle ein klares und umfassendes Gesamtbild des Konfliktthemas entsteht. Durch den geschickten Einsatz geeigneter Instrumente (siehe 4.2 Moderationstechnik und analoge Verfahren der Reflexionstechnik) werden die Kontrahenten befähigt, auf kooperative und kreative Weise neue Lösungen zu finden.

Bei der Gestaltung von kooperativen Beziehungen und zielgerichtetem Handeln im Unternehmen sollen und können sowohl Sach- als auch Beziehungskonflikte nicht ignoriert werden.

4.4.3 Phasen des Konfliktlösens

Für den konstruktiven Umgang mit Konflikten wird im Folgenden eine systematische Vorgehensweise vorgeschlagen. Unabhängig von der Art, dem Eskalationsgrad des Konflikts und der Position der Konfliktparteien sind von einem unparteiischen Dritten folgende Prozessschritte (analog dem Moderationszyklus, siehe S. 42) für das konstruktive Konfliktlösen zu beachten und einzuhalten [*Mayrshofer 1999*]:

- **Einstieg:** In dieser Phase muss der unparteiische Dritte eine angstfreie, kooperative und vertrauensvolle Atmosphäre schaffen. Dafür sollten der bisherige Stand der Informationen erfragt und Erwartungen an die Konfliktlösung von den Kontrahenten eingeholt werden. Der unparteiische Dritte muss sich dann von den am Konflikt Beteiligten den Auftrag zum Konfliktschlichten einholen. Sind die Kontrahenten nicht damit einverstanden, so können sich Widerstände beider Kontrahenten gegen den unparteiischen Dritten richten.

- **Konfliktorientierungsphase:** In dieser Phase werden den Kontrahenten ihre gemeinsamen Probleme bzw. Themen verdeutlicht. Es werden die Bedeutung der Themen und Probleme für die einzelnen Beteiligten geklärt sowie die unterschiedlichen Sichtweisen dazu offen gelegt. Dabei ist es wichtig, dass Gemeinsamkeiten, Unterschiede, Interessen, Bedürfnisse und Erwartungen herausgearbeitet werden. Gelingt es, alle Beteiligten in diesen Prozess einzubeziehen, ist der erste Schritt zur kreativen Konfliktlösung getan, denn die unterschiedlichen Positionen der Kontrahenten sind klar formuliert.
- **Konfliktbearbeitungsphase:** In dieser Phase wird an den Positionen der Kontrahenten gearbeitet. Auf der Suche nach Lösungen werden gegenseitig Wünsche geäußert und Hintergründe des Konflikts herausgearbeitet. Dabei wird die direkte Kommunikation zwischen den Kontrahenten wieder in Gang gesetzt. Es werden Widersprüche aufgedeckt, Meinungen und Haltungen sichtbar gemacht. Hier kann es zum Formulieren von Forderungen oder zum Aushandeln von Kompromissen kommen.
- **Ergebnisintegrationsphase:** Die Akzeptanz einer Konfliktregulation hängt weit gehend davon ab, ob es gelingt, zu einer für alle befriedigenden Lösung zu kommen. Dafür ist es in dieser Phase notwendig, Lösungsmöglichkeiten zu sammeln, anschließend Lösungsalternativen auszuwählen sowie Lösungen auszuarbeiten und zu priorisieren.
- **Handlungsorientierungsphase:** In dieser Phase einigen sich die Kontrahenten auf die beste Lösung und formulieren eine Übereinkunft. Anschließend wird die Umsetzung und Kontrolle durch einen von allen getragenen Maßnahmenkatalog erarbeitet. Darin werden Aufgaben bzw. Ver-

einbarungen für die einzelnen Personen festgelegt, damit die Übertragung in den Arbeitsalltag gewährleistet werden kann. Die Maßnahmen bzw. Ergebnisse müssen klar formuliert und von allen akzeptiert werden. Anschließend werden Vereinbarungen für den Umgang mit künftigen Problemen getroffen.

- **Abschlussphase:** In dieser Phase sollte das Erfolgserlebnis deutlich gemacht werden. Dafür werden die sachlichen Ergebnisse wiederholt und der Prozess, mit dem das Ergebnis zustande gekommen ist, reflektiert. Dabei müssen die positiven und negativen Emotionen, die sich während des Zusammentreffens entwickelt haben, transparent werden. Es wird dadurch überprüft, ob auch tatsächlich alle Beteiligten mit der Konfliktlösung einverstanden sind.

Beim Konfliktlösen variiert die Vorgehensweise zwischen Sach- und Beziehungskonflikt. Der Sachkonflikt hat seinen Ursprung in unterschiedlichen Sichtweisen bzgl. eines bestimmten zu lösenden sachlichen Problems. Daher muss die inhaltliche Problematik beim Konfliktlösungsprozess herausgearbeitet werden.

Der Ursprung des Beziehungskonflikts ist auf unterschiedliche Werte, Einstellungen und Bedürfnisse zurückzuführen und muss daher mit äußerstem Fingerspitzengefühl zwischen den Personen oder Personengruppen gelöst werden (Bild 15).

Phase	Sachkonflikt	Beziehungskonflikt
Einstieg	• Transparenz über die Bedeutung des Konflikts schaffen • Hinführen zum Thema	• Transparenz über die Bedeutung des Konflikts schaffen • Hinführen zum Thema
Konfliktorientierungsphase	• Ziele abstimmen • Sammeln der konfliktträchtigen Themen und Aspekte wie z.B.: Gemeinsamkeiten, Unterschiede, Interessen, Sichtweisen, Forderungen etc. • Ggf. ordnen und verdichten • Problembewusstsein für das Thema schaffen • Problem formulieren durch geschickte Fragestellung	• Ziele abstimmen • Klarstellen, worum es den Kontrahenten geht • die Kontrahenten formulieren ihre jeweiligen Sichtweisen, Wünsche, Bedürfnisse und Erwartungen in Form von Ich-Botschaften • Einsicht und Verständnis für die unterschiedlichen Sichtweisen fördern • Ermutigen der Kontrahenten, den jeweils eigenen Anteil am Konflikt zu definieren • Beteiligung aller Teilnehmer gewährleisten
Konfliktbearbeitungsphase	• Priorisieren und Präzisieren der zu bearbeitenden Probleme • Entwickeln von Lösungsalternativen • Risiken und Chancen der Lösungsalternativen transparent machen • Priorisieren der einzelnen Lösungsalternativen • Einwände und Risiken transparent machen	• Klären der gegenseitigen Wünsche, Erwartungen und Bedürfnisse • Formulieren der Wünsche oder Forderungen an den Kontrahenten

Phase	Sachkonflikt	Beziehungskonflikt
Ergebnisintegrationsphase	• Integrieren der Einwände und Widerstände • Konsequenzen der Lösungsalternativen prüfen • Realisierungschancen der Lösungsalternativen prüfen • Entscheidung treffen • Überprüfen, ob eine konstruktive und für alle befriedigende Konfliktlösung erreicht wurde	• alle Bedenken, Schwierigkeiten gegen Lösungsalternativen aussprechen lassen bzw. besprechbar machen • möglichst Konsens zwischen den einzelnen Teilnehmern herstellen
Handlungsorientierungsphase	• weiteres Vorgehen verabreden • Vereinbarungen treffen • Aktivitäten festlegen	• Vereinbarungen treffen • Umsetzung planen • Monitoring vereinbaren und sicherstellen
Abschlussphase	• Zufriedenheit mit dem Ergebnis und dem Ablauf erfragen	• Zufriedenheit mit dem Ergebnis und dem Ablauf erfragen • eigene Befindlichkeit schildern

Bild 15: *Sachliche und emotionale Funktionen der Phasen der Konfliktlösung*

4.5 Gesprächsführungstechnik

WORUM GEHT ES?

Führungskräfte verbringen den größten Teil ihrer Arbeitszeit (ca. 60 Prozent) in Gesprächen mit Mitarbeitern, Kollegen oder ihrem Vorgesetzten [siehe *Staehle 1994*]. Die Kommunikation mit diesen Personen ermöglicht durch Informationsaustausch idealerweise die gegenseitige Regulation des Verhaltens.

Gespräche zwischen Mitarbeitern und Führungskraft sind eine alltägliche und selbstverständliche Sache. Eine der größten Schwierigkeiten des Mitarbeitergesprächs ist jedoch, dass es überhaupt stattfindet.

Das Mitarbeitergespräch wird häufig als so selbstverständlich und jederzeit durchführ- bzw. nachholbar angesehen, dass es häufig überhaupt nicht als Führungsinstrument genutzt wird.

Das Gespräch mit dem Mitarbeiter ist jedoch das wichtigste Führungsinstrument und sollte daher auch entsprechend kompetent eingesetzt werden. Aufgrund der Subjektivität der Wahrnehmung verlaufen Kommunikationsprozesse jedoch häufig irrational und unkalkulierbar und führen durch Fehlinterpretationen gelegentlich zu Fehlhandlungen.

Um ein kommunikationsförderliches Verhalten herzustellen, muss sich die Führungskraft Methoden zur Vermeidung von Kommunikationsstörungen und -hemmnissen aneignen.

Unter sozialer Kommunikation wird über den Austausch von Informationen der zwischenmenschliche Austausch von Bedürfnissen, Wünschen und Erwartungen verstanden. Die Kommunikation zwischen Menschen enthält daher einen Sach- und einen Beziehungsaspekt. Das Gespräch dient dabei nicht nur zum Austausch von Informationen, sondern stellt den zwischenmenschlichen Kontakt her und sorgt durch das Aufzeigen von Gemeinsamkeiten zur Aufrechterhaltung des Kontaktes.

Der **Sachinhalt** enthält die reine verbale Information. Bei einem Gespräch mit dem Mitarbeiter ist jedoch nicht nur der rein sachliche Inhalt einer Nachricht von Bedeutung, entscheidend ist vor allem, wie diese Nachricht zum Ausdruck gebracht wird. Darin ist der **Appell** enthalten, der zum Ausdruck bringt, wozu der Gesprächspartner veranlasst werden soll. Durch die Art und Weise der Formulierung kommt auch zum Ausdruck, in welcher **Beziehung** sich die Gesprächspartner zueinander befinden, d. h. welche Wertschätzung einer dem anderen entgegenbringt. Durch den Aspekt der **Selbstoffenbarung** drücken die Gesprächspartner ihre eigenen Bedürfnisse, Wünsche und Erwartungen aus. Dies kann eine gewollte Selbstdarstellung oder eine ungewollte, unbewusste Selbstenthüllung sein [*Schulz von Thun 1996*].

Trotz der im Unternehmen bestehenden Sachorientierung findet kein Gespräch nur auf der Sachebene statt. Es wird immer auch die Beziehungsebene der Gesprächspartner angesprochen. Ist die Beziehung der Gesprächspartner gestört, findet das Gespräch nur noch auf der Beziehungsebene statt.

Je besser die Beziehung der Gesprächspartner gestaltet ist, desto besser können sich die Gesprächspartner hinsichtlich der sachlichen Ziele einigen.

Der Selbstoffenbarungs- und der Beziehungsaspekt sind für das Gelingen eines Gesprächs von ganz besonderer Bedeutung, denn hier wird das Selbstwertgefühl der Gesprächspartner abgewogen. Steigert die Führungskraft das Selbstwertgefühl des Mitarbeiters, wird gleichzeitig seine Motivation erhöht.

Dies wird durch die Gleichheitstheorie von ADAMS damit begründet, dass individuell soziale Vergleichsprozesse vorgenommen werden. Diese werden meist nicht verbalisiert und laufen teilweise unbewusst ab. Die jeweilige Person benötigt sie, um das Selbstwertgefühl zu bestätigen, zu steigern oder auch zu senken.

Dieses entsteht nicht unabhängig von menschlichen Beziehungen, sondern durch den direkten Vergleich von Bemühungen und Belohnungen anderer Personen im Verhältnis zu sich selbst. Dabei werden Leistungsunterschiede verglichen und bewertet. Der Mensch strebt dabei immer eine Gleichgewichtssituation an, um Spannungen zu reduzieren.

Gelingt ihm das nicht, verändert er den Aufwand (mehr oder weniger Anstrengung), die Wahrnehmung hinsichtlich der eigenen oder fremden Leistung, seine Situation, oder er wählt andere Vergleichspersonen aus.

Es ist daher im Sinne der Führungskraft, Gespräche so zu gestalten und zu führen, dass sich der Mitarbeiter in einer wertschätzenden Atmosphäre befindet. Anerkennung und Kritik sind wesentliche und flexible Hilfsmittel der Führungskraft, die die Zufriedenheit und Leistungsbereitschaft des Mitarbeiters fördern.

WAS BRINGT ES?

Richtig verstehen heißt nicht nur, verstanden zu haben, was der andere verbal mitgeteilt hat, sondern auch, verstanden zu haben, was er damit gemeint hat. Dass jedoch das richtige Verstehen seltener ist, als zunächst vermutet wird, zeigen alltägliche Missverständnisse. Um diesen entgegenzuwirken, können die Gesprächsführungstechniken eingesetzt werden für:

- Beurteilungsgespräche,
- Kritik- und Anerkennungsgespräche,
- Informationsgespräche z. B. bzgl. organisatorischer Fragen und Aufgabenverteilung,
- Diskussionen über fachliche Probleme, Entscheidungs-, Planungs-, Informations- und Problemlösungsgespräche oder
- Gespräche über persönliche Belange wie z. B. Karrierewünsche, Krankheit, familiäre Schwierigkeiten.

WIE GEHE ICH VOR?

Die im Folgenden beschriebenen Gesprächsführungstechniken dienen zum Verständnis der Strukturen und der Gesetzmäßigkeiten des vielschichtigen und komplexen sozialen Kommunikationsprozesses. Sie bieten Hilfsmittel zur Gesprächssteuerung, zur Unterscheidung von Wahrnehmung und Interpretation sowie zur Identifikation eigener und fremder Gesprächsmuster.

Die Gesprächstechniken bieten eine geeignete Grundlage, um eine auf gegenseitiger Wertschätzung basierende Beziehung zwischen Mitarbeiter und Führungskraft aufzubauen.

Jedes Führungs- bzw. Mitarbeitergespräch hat ein konkretes Ziel. Um ein solches Gespräch optimal führen zu können, muss sich der Gesprächsführer daher im Klaren sein, welches Ziel er mit dem Gespräch verfolgt und was er beim Gesprächspartner erreichen möchte. Der Gesprächsführer sollte daher die Gesprächsziele im Vorfeld definieren.

Sind die Gesprächsziele definiert, ist zu planen, wie das Gespräch durchgeführt werden soll. Die Gesprächsvorbereitung umfasst dafür die organisatorische wie auch die psychologische Vorbereitung, denn auch hier sind die Phasen der Gruppenentwicklung zu beachten. Dabei ist zu beachten, wer an dem Gespräch teilnimmt, wann und wo es stattfindet und welche Informationen und Hilfsmittel benötigt werden.

4.5.1 Phasen der Gesprächsführung

Für eine ideale Gesprächsdurchführung lassen sich verschiedene Phasen unterscheiden, die nacheinander im Gespräch durchlaufen werden. Das Einhalten der Reihenfolge dieser Phasen, die ebenfalls denen der Moderationsphasen entsprechen, machen den inhaltlichen und emotionalen Erfolg eines Gesprächs aus:

- **Anwärmphase:** Die Eröffnung eines Gesprächs ist entscheidend für den gesamten Gesprächsverlauf. Daher ist es notwendig, bevor das eigentliche Sachthema besprochen wird, einen persönlichen Kontakt zwischen den Gesprächsteilnehmern herzustellen.
- **Orientierungsphase:** Diese Phase dient dazu, dem Gesprächspartner die Ziele des Gesprächs aufzuzeigen und gemeinsame Probleme bzw. Themen bewusst zu machen. Hier wird die Bedeutung der Themen und Probleme für die einzelnen Gesprächspartner geklärt, und die unterschiedlichen Sichtweisen dazu werden offen gelegt. Es ist besonders wichtig, Bedürfnisse, Wünsche und Erwartungen sowie Einwände und Bedenken des Gesprächspartners zu identifizieren und in den Gesprächsverlauf zu integrieren.
- **Arbeitsphase:** Diese Phase dient der Suche nach Möglichkeiten, Interessen anzugleichen. Es werden Argumente ausgetauscht, Widersprüche aufgedeckt, Meinungen und Haltungen sichtbar gemacht sowie Kontroversen ausgetragen. Die Akzeptanz der jeweils anderen Meinung

hängt weit gehend davon ab, wie die Gesprächspartner ihre Nachrichten formulieren. In einem Gespräch, in dem sich die Gesprächsteilnehmer nicht gegen Argumente wehren müssen, sondern offen ihre Interessen ansprechen können, können kreative Lösungen entwickelt werden. Die Hauptschwierigkeit dieser Phase kann in der geistigen Befangenheit der Gesprächspartner liegen, neue Lösungswege zu gehen. Dafür ist es besonders wichtig, dem Gesprächspartner durch **aktives Zuhören, Ich-Botschaften** und **Fragetechnik** Aufmerksamkeit zu widmen.
- **Abschlussphase:** In dieser Phase sollte der Gesprächsführer, unabhängig davon, wie das Gespräch verlaufen ist, dafür sorgen, dass der Gesprächspartner in ein positives Gefühl dem Gespräch gegenüber versetzt wird. Es ist dafür sinnvoll, die inhaltlich-sachlichen Ergebnisse zu wiederholen und den Prozess zu reflektieren, mit dem das Ergebnis zustande (oder nicht zustande) gekommen ist. Anschließend ist es wichtig, die positiven und negativen Emotionen, die während des Gesprächs aufgetreten sind, deutlich zu machen.

Die einzelnen Phasen haben immer eine sachliche und eine emotionale Funktion, die im Folgenden stichwortartig zusammengefasst werden (Bild 16).

Der Gesprächsverlauf wird hauptsächlich durch das verbale wie nonverbale Verhalten sowie das Frage- und Zuhörverhalten geprägt. Während der gesamten Gesprächsdurchführung ist daher, um Kommunikationsstörungen zu verhindern, auf Folgendes zu achten:

- Sprechverhalten,
- Frageverhalten und
- aktives Zuhören.

Phase	Sachliche Funktion	Emotionale Funktion
Anwärmphase	• Begrüßen der Gesprächsteilnehmer • Erfragen der persönlichen Anliegen • Hinführen zum Thema	• Gesprächspartner ankommen lassen • angstfreie Atmosphäre schaffen • persönlichen Kontakt zu den und zwischen den Gesprächspartnern aufbauen • Erwartungen, Wünsche und Bedürfnisse der Gesprächspartner identifizieren
Orientierungsphase	• Gesprächsziele vorstellen • Problem formulieren • Themen, Aspekte, Sichtweisen geordnet darstellen • Problembewusstsein für das Thema herstellen	• Interesse für das Thema wecken • Beteiligung des/der Gesprächsteilnehmer/s gewährleisten • Einsicht für das Thema und Verständnis für die unterschiedlichen Sichtweisen fördern
Arbeitsphase	• Priorisieren und Präzisieren der zu bearbeitenden Themen und Probleme • themenbez. Fragen stellen • Klären der Ursachen und Hintergründe der zu bearbeitenden Themen • Unterschiede und Gemeinsamkeiten aufzeigen • Lösungsideen entwickeln • Ergebnis gemeinsam formulieren	• Kommunikativ-kreative Atmosphäre schaffen, fördern und aufrechterhalten • Ernstnehmen und Aufnehmen aller Ideen und Einwände • Einbeziehen der Gesprächspartner • Selbstverpflichtungen ermöglichen • Verbindlichkeiten erzielen
Abschlussphase	• Reflektieren der Qualität der sachlichen und inhaltlichen Ergebnisse • Reflektieren des Prozesses, mit dem das Ergebnis (nicht) entstanden ist • Abschluss finden	• Transparenz über Zufriedenheit oder Unbehagen mit dem Ergebnis und dem Verlauf des Gesprächs herstellen • Verabschieden des/der Gespächsteilnehmer/s

Bild 16: *Gesprächsführungsphasen*

4.5.2 Sprechverhalten

Dabei ist darauf zu achten, wie verständlich der Sender die zu übermittelnde Nachricht formuliert. Dies betrifft weit gehend den Sachinhalt einer Nachricht.

Da Informationen vom Empfänger nur aufgenommen werden können, wenn sie auch tatsächlich inhaltlich vom Empfänger verstanden werden, sollte die Führungskraft eine kurze und prägnante *Ausdrucksweise* wählen. Darin sind umständliche Formulierungen, Füllwörter und Phrasen, Wiederholungen und überflüssige Informationen zu vermeiden.

Informationen sind für den Empfänger leichter zu verstehen, wenn die Gedankengänge logisch aufeinander aufgebaut sind und in einer sinnvollen *Reihenfolge* wiedergegeben werden.

Zu einem optimalen Sprechverhalten gehört das Beachten der *Lautstärke* des Gesprächs, weil zu lautes oder auch zu leises Sprechen den Gesprächspartner einschüchtern bzw. verunsichern kann.

Zu beachten ist ebenfalls das *Sprechtempo*, denn zu langsames Sprechen führt zu Desinteresse beim Gesprächspartner, und bei zu schnellem Sprechen wirkt der Sprecher hektisch und unsicher. Besonders wichtig ist vor allem eine klare und deutliche Aussprache, damit Missverständnisse und Ermüdungen des Zuhörers vermieden werden.

Durch eine positive Ausdrucksweise, die Berücksichtigung von Bedürfnissen, Wünschen und Erwartungen sowie die Vermittlung einer positiven Grundeinstellung vermittelt die Führungskraft dem Gesprächspartner Vertrauen und Wertschätzung. Dafür ist es notwendig, *Ich-Aussagen* zu formulieren, denn diese enthalten eigene Beobachtungen, Gefühle, Vorstellungen, Ziele und Wünsche. Formulierungen mit „Wir" oder „Man" beziehen andere Personen ungefragt mit ein und verstecken hinter dem Schutzschild von Allgemeingültigkeit die eigenen Ansichten.

Formulierungen mit „Du" oder „Sie" beschreiben Ziele oder Urteile und werden leicht zu verletzender Kritik. Die Ich-Aussage hingegen enthält einen emotionalen und einen sachlichen Inhalt. Es wird das durch einen bestimmten Sachverhalt entstandene Gefühl zum Ausdruck gebracht. Die Ich-Aussage enthält den subjektiven Standpunkt, den persönlichen Blickwinkel ohne Anspruch auf objektive Wahrheit. Die Führungskraft signalisiert damit, dass auch sie als denkender und kritisch beobachtender Mensch nicht alles besser weiß [*Crisand u. a. 1997*].

4.5.3 Frageverhalten

Um wichtige Informationen über Kenntnisse, Standpunkte, Bedürfnisse, Wünsche und Erwartungen zu erhalten, ist es notwendig, Fragen zu stellen. Fragen begrenzen oder erweitern die Gesprächsproblematik, helfen bei der Beschreibung eines Problems, klären Missverständnisse auf und unterstützen die Entscheidungsfindung. Um das Gesprächsziel zu erreichen und Anhaltspunkte für den Gesprächsablauf zu erhalten, sollte die Fragetechnik zielgerichtet eingesetzt werden, denn wer richtig fragt, führt.

Um zu vermeiden, dass der Gesprächsverlauf durch eine falsche Fragetechnik beeinträchtigt wird, sind eindeutige und konkrete Formulierungen zu verwenden. Gezielte Fragen geben bereits eine Vorstellung davon, welcher Aspekt wichtig für den Fragenden ist. Das Selbstwertgefühl des Gefragten wird berücksichtigt, denn sein Wissen und seine Einstellungen zu einer ganz bestimmten Thematik sind wichtig für den Fragenden. Für eine optimale Gesprächsführung sind offene und direkte Fragen gut geeignet.

Offene Fragen sind so formuliert, dass der Gesprächspartner seine Antworten frei gestalten und seine Meinung unbeeinflusst äußern kann. Dafür werden meist die sog. W-Fragen eingesetzt: Wo, Wann, Was, Wie, Wofür, Warum, Wer, Welche, Wozu etc. Offene Fragen signalisieren dem Gesprächspartner Interesse, sein Geltungsbedürfnis wird befriedigt, ein positives Gesprächsklima gefördert, der Gefragte kann sich dem Thema selbst nähern und ggf. Lösungen finden.

Im Gegensatz dazu sind **geschlossene Fragen** so formuliert, dass der Gesprächspartner nicht frei antworten kann. Sie grenzen die Antwortmöglichkeiten ein und zielen meist auf „Ja“- oder „Nein“-Antworten ab („Haben Sie Ihr Ziel erreicht?“). Geschlossene Fragen werden verwendet, wenn nach konkreten, spezifischen Fakten gefragt wird („Wie spät ist es?“), nur kurze Informationen eingeholt werden sollen oder nur kurze Antworten erforderlich sind. Geschlossene Fragen bringen daher nur wenig Informationen, das Gespräch wird leicht in eine Richtung gelenkt. Der Gesprächspartner fühlt sich manipuliert, bevormundet und benachteiligt, so dass eine negative Gesprächsatmosphäre entstehen kann.

Direkte Fragen enthalten verbal konkret formuliert, was der Gesprächspartner wissen möchte. Direkte Fragen werden verwendet, um Informationen einzuholen, Probleme zu verdeutlichen und zu lösen, Ergebnisse zu kontrollieren und Missverständnisse aufzuklären. Antworten auf direkte Fragen liefern viele Informationen. Im Gegensatz dazu sind **indirekte Fragen** so formuliert, dass der Inhalt der Frage nicht mit der Frageabsicht übereinstimmt. Der Gesprächspartner kann anhand der Frageformulierung nicht direkt erkennen, was erfragt werden soll („Sagten Sie nicht bereits, dass...?"). Indirekte Fragen sind die am häufigsten verwendeten Fragen. Deren Anwendung ist jedoch aufgrund der Interpretationsmöglichkeiten durch den Gesprächspartner problematisch. Es entstehen daher leicht Missverständnisse, die Antworten des Gesprächspartners sind schwerer zu interpretieren, und es besteht die Gefahr, dass die Frage bewusst oder unbewusst falsch beantwortet wird. Die Beziehung zwischen den Gesprächsteilnehmern wird durch gegenseitige Abwehrmechanismen beeinträchtigt, und es entsteht ein negatives Gesprächsklima.

4.5.4 Aktives Zuhören

Das **Zuhören** ist eine wichtige Voraussetzung für den Erfolg eines Gesprächs. Der Zuhörer erhält Sachinformationen, lernt Einstellungen, Wünsche, Bedürfnisse und Erwartungen besser kennen und kann darauf eingehen. Dem Gesprächspartner wird Wertschätzung entgegengebracht, und es kann sich eine positive Gesprächsatmosphäre entwickeln. Häufig jedoch sind Gesprächsteilnehmer oder -führer gelangweilt, unkonzentriert, desinteressiert und meinen genau zu wissen, was ihr Gegenüber sagen möchte. Dadurch können die nötigen Sachinformation nicht oder nur teilweise aufgenommen werden, es mangelt an gegenseitiger Wertschätzung, wodurch sich ein negatives Gesprächsklima entwickeln kann.

Indem sich die Führungskraft z. B. Zeit nimmt und sich aktiv um das Verstehen der Probleme des Mitarbeiters bemüht, signalisiert sie, dass sie den Mitarbeiter als Person respektiert. Diese Art des Zuhörverhaltens wird *aktives Zuhören* genannt und ist mehr eine Grundeinstellung als eine Technik. Um diese Grundhaltung im Alltag lebendig werden zu lassen, stehen der Führungskraft das Paraphrasieren und das Verbalisieren zur Verfügung.

Das **Paraphrasieren** bedeutet die Wiederholung des gehörten sachlichen Inhalts der Nachricht mit den eigenen Worten. Besonders bei längeren Gesprächen werden die Äußerungen des Gesprächspartners zusammengefasst, und dadurch wird verdeutlicht, wie die Kernaussagen verstanden wurden. Durch zusätzliche Fragen können Missverständnisse oder Fehlinterpretationen sofort geklärt werden. Dies ist die einfachste Form des Feedbacks und gewährleistet, dass die Aussage vollständig im Sinne des Sprechers verstanden wurde.

Das **Verbalisieren** bedeutet, den emotionalen Gehalt der Nachricht in eigene Worte zu fassen und wiederzugeben. Dadurch bekundet der Zuhörer (z. B. die Führungskraft ihrem Mitarbeiter gegenüber) die Bereitschaft, den Gesprächspartner auch mit seinen Bedürfnissen, Wünschen, Erwartungen oder Stimmungen ernst zu nehmen und sich in die Problemsituation des anderen hineinzuversetzen. Durch aktives Zuhören wird Vertrauen aufgebaut, denn wer sich verstanden und akzeptiert fühlt, ist auch bereit, den anderen anzuhören und zu akzeptieren.

Werden statt dessen Befehle bzw. Anweisungen erteilt, kann der Mitarbeiter seine Ideen und Wünsche nicht einbringen. Die Kreativitäts- und Entscheidungspotenziale der Mitarbeiter bleiben dadurch ungenutzt. Zudem wird die motivierende Wertschätzung missachtet, was langfristig bei den Mitarbeitern zu Frustration, Unzufriedenheit mit der Situation und Misstrauen gegenüber der Führungskraft führt. Das Misstrauen resultiert aus Ängsten, den Erwartungen der anderen Personen (z. B. der Führungskraft, der Familie) nicht gerecht werden zu können und damit das Selbstwertgefühl zu senken.

Um tatsächlich auf den Gesprächspartner eingehen zu können und Affekte zu verhindern, sollten Führungskräfte ihre eigenen Gesprächsmuster, die aus bestimmten Grundhaltungen resultieren, kritisch überprüfen (siehe dazu 4.6 Feedback- und 4.7 Reflexionstechnik). Richtig verstehen heißt nicht nur, verstanden zu haben, was der andere verbal mitgeteilt hat, sondern auch, verstanden zu haben, was dieser damit gemeint hat. Dass jedoch das richtige Verstehen seltener ist, als zunächst vermutet, zeigen die alltäglichen Missverständnisse, deren Gründe im Folgenden näher betrachtet werden sollen.

Bild 17: *Kritik*

4.6 Feedbacktechnik

WORUM GEHT ES?

Viele Missverständnisse zwischen Personen ergeben sich dadurch, dass versucht wird, Informationen auf der Sachebene auszutauschen, wo es sich eigentlich um das subjektive Empfinden hinsichtlich einer Verhaltensweise, Eigenschaft oder eines Ereignisses handelt. Dabei neigt der Mensch dazu, Ursachen für Missverständnisse entweder in der Situation oder in anderen Personen, selten bei sich selbst, zu suchen. Um das eigene soziale Verhalten dahingehend überprüfen zu können, ist es notwendig, explizites Feedback zu erhalten, d.h. einen Informationsaustausch darüber zu führen, wie das Gesagte beim Gesprächspartner angekommen ist.

Feedback findet dann statt, wenn ein Gesprächspartner dem anderen ausdrücklich und absichtlich mitteilt, wie er den Gesprächspartner und sein Verhalten wahrnimmt und erlebt.

Damit ist nicht die allen Interaktionsprozessen innewohnende Rückmeldung, sondern die bewusste und beabsichtigte verbale Mitteilung über die Kommunikation gemeint. Feedback ist dabei ein Angebot zur Überprüfung von Verhaltensweisen und nicht als generelle Wahrheit oder Allgemeingültigkeit zu betrachten.

Explizites Feedback von der normalen Rückmeldung abzugrenzen ist schwierig, denn jede Reaktion auf ein verbales oder nonverbales Verhalten ist bereits eine Rückmeldung oder Rückkopplung, die häufig weder willentlich noch bewusst oder reflektiert erfolgt. Dies wird als **indirektes Feedback** bezeichnet und ist für ein effektives soziales Verhalten aufgrund von Fehlinterpretationen und Missverständnissen unzureichend. Die Unsicherheit, wie das eigene Erleben bzw. Wahrnehmen in Beziehung zu anderen ausgedrückt werden kann, führt häufig zu übervorsichtigen, vieldeutigen Formulierungen.

> Um sich wirklich Klarheit über das vom anderen erlebte Verhalten zu verschaffen, muss sich die Führungskraft ein *explizites Feedback* von ihren Gesprächspartnern einholen. Umgekehrt kann diese Art von Feedback auch dem Gesprächspartner gegeben werden, wenn dieser es wünscht oder wenn sein Verhalten das eigene Verhalten einschränkt.

Im Laufe der Erziehung erlernt der Mensch durch Belohnung, Bestrafung, Beobachtung und das Vergleichen der Auswirkungen des eigenen Verhaltens auf andere, welche Verhaltensweisen situationsangemessen sind. Durch diese Vergleichsprozesse, die auf der Interpretation der Reaktion der anderen beruhen, wird das Selbstkonzept (auch: Selbstbild) geprägt. Dieses ist ein kognitives Konstrukt darüber, wie die jeweilige Person sich selbst und ihr Verhalten im Verhältnis zu anderen Personen wahrnimmt und wie sie eintretende Ereignisse beurteilt.

Jeder Mensch hat weiterhin ein oder mehrere bewusste oder unbewusste Vorbilder, aus deren Verhaltensweisen er ein individuelles **Idealbild** kreiert. Dieses dient als Vergleichsmöglichkeit für das Selbstbild. Während das Selbstbild beschreibt, wie sich die Person selbst bzw. ihr eigenes Verhalten wahrnimmt, stellt das Idealbild dar, wie die Person sich gerne wahrnähme.

Ideal- und Selbstbild stellen den zentralen Bezugspunkt der geistigen Orientierung des Einzelnen dar. Zwar verändern sich Ideal- und Selbstbild im Laufe des Lebens, dienen jedoch, da der Mensch nur begrenzt Informationen verarbeiten kann, zur Informationsselektion.

Das **Fremdbild** wird von anderen Personen kreiert, d. h. es entsteht dadurch, wie eine oder mehrere Personen eine bestimmte andere Person bzw. deren Verhalten wahrnehmen und beurteilen. Fremd- und Selbstbild weichen im Allgemeinen voneinander ab. Umfragen zeigten, dass ca. 80 Prozent der Führungskräfte meinen, dass ihre Mitarbeiter sie als kooperative Führungskräfte wahrnähmen. Tatsache ist aber, dass ca. 50 Prozent der Mitarbeiter ihre Vorgesetzten als mehr oder weniger autoritär bezeichnen.

Dieser Sachverhalt lässt sich anhand des JOHARI-Fensters (Bild 18) erläutern. Das Johari-Fenster besteht aus vier Quadranten, die jeweils unterschiedliche Bewusstseinsebenen einer Person darstellen, durch die Selbst- und Fremdbild einer Personen beeinflusst werden.

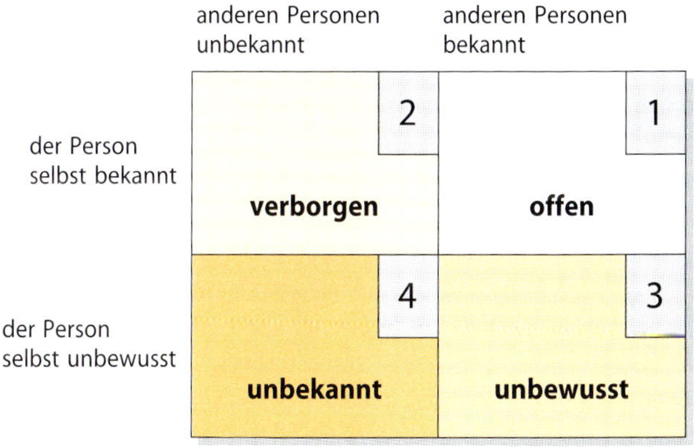

Bild 18: *Johari-Fenster*

Quelle: in Anlehnung an Staehle 1994, S. 297.

Offene Ebene: Dieser Quadrant (1) beschreibt den Bereich von Denk- und Verhaltensweisen eines Menschen (Bedürfnisse, Wünsche, Erwartungen, Handlungen), die ihm bewusst und anderen bekannt sind. Sie sind sowohl im Selbstbild als auch im Fremdbild integriert.

Verborgene Ebene: Dieser Quadrant (2) beschreibt den Bereich von Denk- und Verhaltensweisen eines Menschen, die ihm selbst bewusst, anderen jedoch unbekannt sind. Diese Denk- und Verhaltensweisen sind zwar vorhanden, die Person hat sie in ihr Selbstbild integriert, ist sich darüber im Klaren, dass sie vorhanden sind, sie passen jedoch nicht zum Idealbild. Da sie nicht zum Idealbild passen, werden sie anderen gegenüber weit gehend verborgen.

Unbewusste Ebene: Dieser Quadrant (3) beschreibt den Bereich von Denk- und Verhaltensweisen eines Menschen, die ihm unbewusst, anderen jedoch bekannt sind. Es werden unbewusst Denk- und Verhaltensweisen verdrängt, anderen jedoch – ebenfalls unbewusst (meist nonverbal) – vermittelt, etwa durch Mimik, Gestik, Stimmklang, Auftreten etc. Die jeweilige Person ist nicht in der Lage, diese Denk- und Verhaltensweisen selber bewusst wahrzunehmen. Sie sind demnach nicht in das Selbstbild integriert, prägen jedoch das Fremdbild.

Unbekannte Ebene: Dieser Quadrant (4) beschreibt den Bereich von Denk- und Verhaltensweisen eines Menschen, die weder ihm noch anderen bekannt oder bewusst sind. Hierunter fallen unbewusst stark unterdrückte Bedürfnisse, verborgene Talente, ungenutzte Begabungen, die die Beziehung unbewusst und unerkannt beeinflussen. Diese Ebene steuert Selbst- und Fremdbild unbewusst.

Besteht ein geringes Vertrauen zwischen den Gesprächspartnern und hat kein explizites Feedback stattgefunden, ist die offene Ebene im Johari-Fenster relativ klein, die unbewusste und verborgene sind relativ groß. Wird zwischen den Gesprächspartnern explizites Feedback ausgetauscht und baut sich ein Vertrauen auf, dann nimmt die offene Ebene zu, und die Anteile des unbewussten und verborgenen Verhaltens, bis auf einen mehr oder weniger tabuisierten Bereich der Intimsphäre, nehmen entsprechend ab. Die unbekannte Ebene des Verhaltens bleibt gleich groß, sie muss mit Hilfe der Reflexionstechnik bearbeitet werden.

Aufgrund der begrenzten menschlichen Wahrnehmungsfähigkeit wird das Entstehen des Fremdbildes durch verschiedene Wahrnehmungsverzerrungen wie Stereotypisierung und Projektion stark beeinflusst. Es gibt positive und negative Wahrnehmungsverzerrungen. Negative sind eine Form von Abwehrmechanismen gegenüber Reizen, die das bestehende Wertesystem bedrohen. Positive Wahrnehmungsverzerrungen sind Reize, die zu Idealisierungen von Personen oder Situationen führen.

Bei der **Stereotypisierung** wird eine Person auf Basis einzelner Merkmale (z. B. Alter, Hautfarbe, Haarfarbe, Kleidung, Beruf, Zugehörigkeit zu einer sozialen Gruppe oder Schicht etc.) einer entsprechenden Kategorie zugeordnet (z. B. „Frau am Steuer", Beamter etc.), über die man sich ein generelles (Vor-)Urteil gebildet hat. Äußerst unterschiedliche Menschen werden auf diese Art bestimmten Kategorien zugeordnet, in der Annahme, dass die Gleichheit in einem Merkmal Ähnlichkeit in allen anderen Persönlichkeitsmerkmalen zur Folge hat. Stereotypisierungen, auch positive, haben eine komplexitätsreduzierende Funktion und sind ein alltägliches Phänomen. Für eine gute interkulturelle Zusammenarbeit – unterschiedliche Kulturen haben unterschiedliche Wertesysteme – ist die Kenntnis der Gründe für die Stereotypenbildungen wichtig.

Projektion ist die Übertragung von negativen oder positiven Denk- und Verhaltensweisen auf eine bisher unbekannte

Person. Es werden negative oder positive Erinnerungen, Gefühle und Verhaltensmuster (mit Eltern, Geschwistern, Lehrern, Freunden, Chefs etc.) aus der Vergangenheit in die Gegenwart auf eine völlig andere Person und Situation übertragen. Dabei findet ein Vergleich zwischen dem eigenen Selbst- oder Idealbild und der anderen Person statt. Durch die Projektion wird möglicherweise die Person sofort oder in Folge abgelehnt, weil die Verhaltenserwartungen, die an diese Person gerichtet wurden, nicht erfüllt werden können. Die Ursachen für Projektionen werden in Bild 20 dargestellt.

Negative wie auch positive Projektionen sind ebenfalls alltägliche Phänomene, die kaum komplett beseitigt werden können. Um jedoch Missverständnisse auszuschließen oder diese zu beseitigen, ist es wichtig, dass sich besonders Führungskräfte ihrer eigenen Projektionen bewusst werden.

Bild 19: *Typisch*

Reaktion	Ursachen
positive/negative Übertragung	Eine bestimmte Eigenschaft oder Verhaltensweise erinnert die projizierende Person an eine andere, die sie gerne oder nicht gerne mag.
Bewunderung	Eine bestimmte Eigenschaft oder Verhaltensweise gefällt der projizierenden Person, weil sie diese ebenfalls gerne haben würde.
Bestätigung	Eine bestimmte Eigenschaft oder Verhaltensweise gefällt der projizierenden Person, weil sie diese bei sich festgestellt hat und positiv bewertet.
Ergänzung	Eine bestimmte Eigenschaft oder Verhaltensweise gefällt der projizierenden Person, weil sie diese mag, jedoch nicht bei sich festgestellt hat.
Antipathie	Eine bestimmte Eigenschaft oder Verhaltensweise lehnt die projizierende Person ab, weil sie selbst nicht so sein möchte.
Selbstkritik	Eine bestimmte Eigenschaft oder Verhaltensweise lehnt die projizierende Person ab, weil sie diese bei sich festgestellt hat, so jedoch nicht sein möchte.
Neid	Eine bestimmte Eigenschaft oder Verhaltensweise lehnt die projizierende Person bei anderen Personen ab, weil sie diese Eigenschaft oder Verhaltensweise selbst gerne hätte, sich jedoch nicht erlaubt, so zu sein.
Konkurrenz	Eine bestimmte Eigenschaft oder Verhaltensweise lehnt die projizierende Person bei anderen Personen ab, weil sie diese Eigenschaft oder Verhaltensweise bei sich selbst festgestellt hat, anderen jedoch nicht zugesteht.

Bild 20: *Ursachen und Reaktionen von Wahrnehmungsverzerrungen*

WAS BRINGT ES?

Systematisch und wechselseitig durchgeführtes Feedback ermöglicht es, zwischen Führungskraft und Mitarbeitern eine offene und vertrauensvolle Atmosphäre herzustellen. Denn explizites Feedback bleibt auf die Sache konzentriert, und in Ich-Aussagen verbalisierte Emotionen können nicht in Frage gestellt werden, sie sind vorhanden.

Durch Feedback werden Informationsdefizite ausgeglichen und Bedürfnisse, Wünsche und Erwartungen deutlich.

Feedback, richtig eingesetzt, ermöglicht einerseits die kritische Auseinandersetzung mit den eigenen Verhaltensweisen und sensibilisiert für das Verhalten anderer Personen.

Feedback dient der Verbesserung von Kommunikation zwischen Führungskraft und Mitarbeitern sowie zur Veränderung von Denk- und Verhaltensweisen.

WIE GEHE ICH VOR?

Vielen Führungskräften ist inzwischen bewusst geworden, dass Feedback für eine optimale Zusammenarbeit notwendig geworden ist. Vielen ist jedoch unklar, wie Feedback richtig eingesetzt wird. Im Folgenden werden die grundlegenden Vorgehensweisen und die entsprechenden Regeln aufgeführt.

Soziale Systeme sind Systeme handelnder Personen, die sich ein Bild von der Wirklichkeit machen, auf dessen Basis sie handeln. Die daraus resultierenden, vermeintlich auf objektiven Wahrheiten beruhenden Reaktionen sind jedoch immer Verschmelzungsprodukte aus Wahrnehmung, Interpretation sowie emotionaler Wertung und daher immer subjektiv zu betrachten. Im ABC-Modell nach Ellis [siehe *König u. a. 1996*] wird davon ausgegangen, dass dieselbe Verhaltensweise, Eigenschaft oder dasselbe Ereignis (A) aufgrund unterschiedlicher Interpretationen (B) zu völlig unterschiedlichen Emotionen (C) und Reaktionen führen kann.

4.6.1 Durchführen von Feedback

Die Reaktion einer Person auf eine Eigenschaft oder Verhaltensweise von anderen hat immer ihren Ursprung bei der

Person selbst. Sie wird ausgelöst durch die Wünsche, Bedürfnisse und Erwartungen und die daraus resultierenden Verhaltensmuster der Person selbst. Daher ist es notwendig, dass jeder zunächst seine eigene Wahrnehmungsstruktur identifiziert, indem er Wahrnehmung, Interpretation und emotionale Wertung voneinander bewusst trennt. Das bedeutet, sich selbst bezüglich einer bestimmten, eigenen Reaktion zu fragen, wodurch diese ausgelöst wurde, und erst dann ein Feedback zu formulieren. Dafür müssen im Einzelnen folgende Schritte durchlaufen werden:

1. **Wahrnehmen:** Der Feedbackgeber soll im ersten Schritt ganz konkret beschreiben, was er bezüglich einer einzelnen Eigenschaft, Verhaltensweise oder eines Ereignisses als positiv oder negativ aus seiner Sicht bei seinem Gesprächspartner wahrgenommen hat, d. h. was er gesehen und gehört hat. Dafür sollten ausschließlich Ich-Aussagen verwendet werden.
2. **Interpretieren:** Das zuvor Wahrgenommene wird nun mit einer Bedeutung versehen. Das Verhalten wird interpretiert (z. B. „Der Gesprächspartner hat mich nicht verstanden“, „Er will mich nicht verstehen“, „Er hat mir nicht zugehört“, „Er will mir überhaupt nicht zuhören“, „Er nimmt mich nicht ernst“ etc.). Diese Vermutungen können richtig, aber auch falsch sein. Interpretationen können nicht vermieden werden. Es ist jedoch wichtig, sich darüber bewusst zu werden, dass jedes wahrgenommene Verhalten individuell interpretiert wird und diese Interpretation falsch sein kann.

   Bei der Interpretation des wahrgenommenen Ereignisses, Verhaltens oder der Eigenschaft muss der Feedbackgeber die Bedürfnisse, Wünsche und Erwartungen des Gesprächspartners sowie dessen Stärken und Schwächen beachten,

d. h. er muss beachten, wie das Feedback beim Feedbackempfänger ankommt. Besonders hier ist es wichtig, in der Ich-Form zu formulieren („Ich vermute, dass ...“).

3. **Emotionales Bewerten:** Auf der Basis der individuellen Interpretation entwickeln sich aufgrund der eigenen Bedürfnisse, Wünsche und Erwartungen Emotionen (z. B. Ärger, Wut, Mitleid, Schadenfreude etc.). Diese unterliegen nicht mehr der Beurteilung „richtig“ oder „falsch“, sondern sie sind eine Tatsache. Der Feedbackgeber formuliert an dieser Stelle die Wirkung, die das Verhalten des Gesprächspartners auf ihn hatte, und weshalb dieses Verhalten für ihn (un-)angenehm ist.

Diese drei Vorgänge auseinander zu halten ist eine Möglichkeit, sich mehr Klarheit über die eigenen Wahrnehmungsmuster zu verschaffen, wodurch die Fähigkeit, Feedback zu geben oder zu bekommen, verbessert werden kann [*Schulz von Thun 1996*].

Beim Feedback selbst teilt ein Gesprächspartner dem anderen mit, wie er dessen Verhalten erlebt und welche Wirkungen es bei ihm ausgelöst hat. Dadurch können die die Zusammenarbeit störenden Verhaltensweisen zunächst verbalisiert und später korrigiert oder akzeptiert werden. Weder Feedback zu bekommen noch Feedback zu geben ist für die meisten Menschen problemlos, denn es gehört bisher nicht zu den Normen unserer Gesellschaft, Emotionen zu verbalisieren oder Vorgesetzte zu kritisieren.

Es gibt eine Reihe von Regeln, die als Hilfestellung für ein wirkungsvolles Feedback genutzt werden können. Feedback sollte folgendermaßen formuliert werden [*Crisand u. a. 1993*]:

Beschreibend (Ich-Aussagen): Es sollte die eigene Beobachtung und darauf folgende Reaktion beschrieben werden, denn dann wird dem Feedbackempfänger überlassen, ob er die Informationen in sein Selbstbild integriert und für Veränderungen verwendet oder nicht. Anklagen, Verurteilungen und Bewertungen sollten vermieden werden, denn der Feedbackempfänger muss sich sonst verteidigen.

Konkret: Es sollte die konkrete Situation, in der die Verhaltensweise des Feedbackempfängers aufgetreten ist, beschrieben werden. Wo und wann hat der Feedbackgeber was wahrgenommen (gesehen, gehört etc.)?

Angemessen (positive Formulierungen): Feedback kann zerstörend wirken, wenn der Feedbackgeber nur an seine eigenen Bedürfnisse, Wünsche und Erwartungen denkt und die des Feedbacknehmers nicht genügend berücksichtigt. Feedback muss den Bedürfnissen, Wünschen und Erwartungen beider gerecht werden. Feedback ist keine Aufforderung zur Selbstkritik.

Brauchbar: Konkretes und angemessenes Feedback muss für den Feedbacknehmer Bedeutung haben. Feedback ist nur nützlich, wenn es sich auf Verhaltensweisen bezieht, die der Feedbackempfänger auch tatsächlich verändern kann. Feedback bezieht sich auf negative wie positive Verhaltensweisen. Positive Verhaltensweisen sind leichter und schneller zu verstärken, als negative Verhaltensweisen abzubauen sind.

Erbeten: Feedback darf nicht aufgezwungen werden. Es ist am wirkungsvollsten, wenn der Feedbacknehmer darum bittet. Möchte eine Person einer anderen Person unbedingt Feedback geben, so muss der potentielle Feedbacknehmer zunächst einwilligen. Damit Mitarbeiter ihrem Vorgesetzten im Unternehmen Feedback geben können, muss die Führungskraft gemeinsam mit den Mitarbeitern einen bestimmten Rahmen dafür festlegen und systematisch Feedbackprozesse durchführen, bis es zu einer Routine wird.

Zur rechten Zeit: Feedback ist umso wirksamer, je kürzer der zeitliche Abstand zwischen dem betreffenden Verhalten und der Information über die Wirkung des Verhaltens ist. Es müssen jedoch andere Gegebenheiten berücksichtigt werden, wie z. B. die Bereitschaft der betreffenden Person, Feedback überhaupt anzunehmen.

Klar und konkret formuliert: Feedback ist allgemeinverständlich und in kurzen, logischen Sätzen zu formulieren, damit der Empfänger es auch verstehen und verarbeiten kann. Feedback bezieht sich dabei auf konkrete Verhaltensweisen, nicht auf Eigenschaften des Feedbackempfängers („Ich finde, Sie haben sehr viel geredet", nicht: „Sie sind ein Vielredner.").

Es ist schwierig, Feedback zu geben. Es ist jedoch auch schwierig, Feedback entgegenzunehmen. Ein Feedback kann möglicherweise noch so gut formuliert sein, und trotzdem kann es negative Wirkungen auf den Feedbackempfänger haben, wenn dieser nicht bereit ist, es zu akzeptieren. Um die Akzeptanz von Feedback beim Feedbackempfänger zu erhöhen, werden folgende Regeln empfohlen:

Feedback ist ein Geschenk! Feedback ist ein wechselseitiger Prozess. Die Hilfe des Feedbackgebers hängt von der Offenheit des Feedbacknehmers ab und von der Art und Weise, wie die Fragen gestellt werden. Feedback ist grundsätzlich etwas Positives, denn eine andere Person teilt mit, wie die Verhaltensweisen des Gesprächspartners auf sie wirken, d. h. welche Emotionen die Verhaltensweisen des Gesprächspartners ausgelöst haben. Dadurch werden dieser Person unbewusste Ebenen bewusst gemacht.

Keine Gegenargumentationen und Verteidigungen: Feedback wird, besonders wenn es negative Eigenschaften, Verhaltensweisen oder Ereignisse betrifft, als Angriff verstanden. Abwehr gegenüber einem Feedback kann jedoch nicht dadurch ausgeschlossen werden, dass sie nicht geäußert werden darf. Es ist günstiger, wenn die Abwehr geäußert werden darf, so dass der Feedbackgeber darauf eingehen kann. Dadurch können Missverständnisse sofort ausgeräumt werden. Wichtig für die Verarbeitung von Feedback ist jedoch, dass der Feedbackempfänger zunächst nur zuhört, höchstens nachfragt, auf die unmittelbare Abwehr bzw. Verteidigung jedoch zunächst verzichtet und das gesamte Feedback anhört. Damit wird einer unüberlegten Spontanverteidigung vorgebeugt und der Feedbacknehmer kann später, wenn es noch notwendig ist, Stellung nehmen. Zur Regulation von Abwehrhaltungen kann die Vereinbarung getroffen werden, dass der Feedbackempfänger vorab Verteidigung, Erklärung und Zustimmung seinerseits kennzeichnet. Dadurch wird der eigene Verteidigungsmechanismus oft relativ schnell bewusst und kann eingeschränkt werden.

Werden die Regeln für Feedbacknehmen und -geben beachtet, so ist eine gegenseitige positive Verhaltensbeeinflussung möglich.

4.7 Reflexionstechnik

WORUM GEHT ES?

Das im 17. Jh. aus *reflectare* [lat.] entlehnte Verb **reflektieren** bedeutet „zurückstrahlen, spiegeln; nachdenken, grübeln, erwägen; etwas in Betracht ziehen, erstreben, im Auge haben". Reflectare ist eine Bildung aus *re-*, „zurück, wider", und *flectare*, „biegen, beugen". Das Substantiv **Reflexion** bedeutet „Vertiefung in einen Gedankengang, Überlegung, Betrachtung, Rückstrahlung" [*Drosdowski 1989*]. Auf menschliche Handlungen bezogen, bedeutet es in diesem Zusammenhang Selbstbeobachtung.

Selbstbeobachtung (Selbstreflexion) ist das systematische Verfolgen der eigenen Bewusstseinsvorgänge, d. h. aufmerksames Beobachten des eigenen Denkens und Handelns und derer Konsequenzen. Durch Selbstbeobachtung lassen sich die durch das Unterbewusstsein gesteuerten Gedanken, Affekte, Emotionen, Stimmungen oder Antriebe, die in Handlungen real werden, erklären und können so in das Bewusstsein überführt werden, so dass Grundmuster (Paradigmen) erkannt werden können, die unbewusst das Handeln steuern.

(Selbst-)Reflexion bedeutet für den Einzelnen, einen individuellen Lern- und Erkenntnisprozess zu durchlaufen, bei dem der bestehende kognitive Bezugsrahmen (z. B. Werte, Einstellungen, Regeln) in Frage gestellt wird. Die Reflexionstechnik dient dem Erkennen der im Johari-Fenster (siehe Bild 18) aufgezeigten unbewussten und unbekannten Ebenen der Persönlichkeit. Dieser Prozess der Veränderung einer Person, einer Gruppe oder einer Organisation vollzieht sich in typischen Phasen, deren Kenntnis den Veränderungsprozess erheblich unterstützen kann (Bild 21). Die Phasen der Veränderung sind [*Fatzer 1993*]:

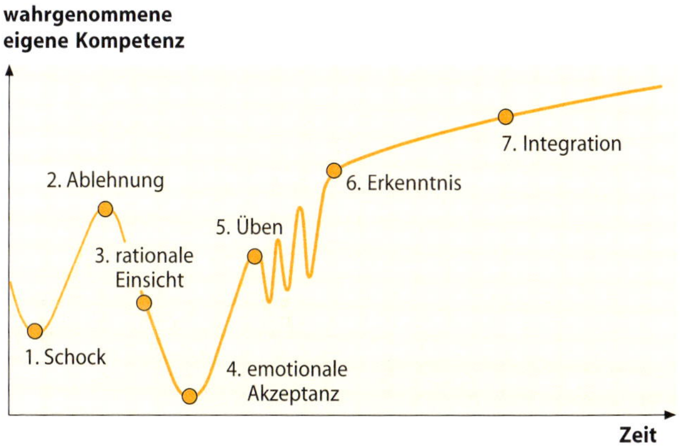

Bild 21: *Phasen der Veränderung*

Quelle: in Anlehnung an Fatzer 1993, S. 33.

1. **Schock, Überraschung:** Hier findet eine Konfrontation mit unerwarteten Bedingungen statt (z. B. schlechte Geschäftsergebnisse). Es kommt zum Absinken der wahrgenommenen eigenen Handlungskompetenz, denn die eigenen Fähigkeiten und Handlungsentwürfe eignen sich nicht für die Bedingungen in der vorgefundenen Situation.
2. **Verneinung:** An dieser Stelle werden Werte, Glaubenssätze und Einstellungen aktiviert, die dafür sorgen, dass eine Veränderung nicht vorgenommen werden muss. Die wahrgenommene eigene Kompetenz steigt wieder, denn die veränderten Bedingungen werden nicht als Notwendigkeit zur Veränderung der eigenen Denk- und Verhaltensweisen angesehen. Vielmehr wird die Situation als temporär betrachtet, oder es werden Schuldzuweisungen an andere Personen gerichtet.

3. **Rationale Einsicht:** Hier wird die Notwendigkeit zur Veränderung erkannt, und die wahrgenommene eigene Kompetenz sinkt wieder ab. Die Wahrnehmung ist jedoch meist vergangenheitsorientiert. Es werden Lösungen gesucht, die die unangenehme Situation schnell beenden. Dabei werden meist nur die Symptome behandelt, die eigentlichen Ursachen des Problems werden vernachlässigt und neue Handlungsmöglichkeiten überhaupt nicht in Erwägung gezogen. Es kommt in dieser Phase häufig zur Frustration, weil der emotionale Zugang zum Problem durch festgefahrene Denkmuster fehlt. Der wirkliche Wille zur grundsätzlichen Veränderung ist nicht vorhanden.
4. **Emotionale Akzeptanz:** In dieser Phase werden die eigenen Einstellungen, Werte und Glaubenssätze in Frage gestellt, um mit der veränderten Situation umgehen zu können und eine Entwicklung noch nicht bekannter Potenziale vorzunehmen.
   Dafür ist ein flexibler Perspektivenwechsel, d. h. das Einnehmen anderer Sichtweisen, notwendig. Durch die emotionale Akzeptanz der veränderten Situation sinkt jedoch zunächst die Einschätzung der eigenen Kompetenz erheblich. Gelingt es nicht, eine emotionale Akzeptanz hinsichtlich einer Problemsituation herzustellen, kann es zu einer erneuten Ablehnung der Situation kommen, und der Veränderungsprozess wird verlangsamt oder gestoppt.
5. **Ausprobieren und Üben:** Ist die Veränderung von Denkweisen, und somit die Veränderung von Einstellungen, Werten und Glaubenssätzen, gelungen, müssen die entsprechenden neuen Fähigkeiten und Fertigkeiten und die damit verbundenen veränderten Verhaltensweisen ausprobiert und geübt werden. Dabei gibt es Erfolge und Misserfolge. Wo etwas Neues entstehen soll, müssen Fehler erlaubt sein. *Feh-*

ler sollten als Feedback mit hohem Informationsgehalt betrachtet werden. Dabei ist es wichtig, dass es erlaubt ist, mit den neuen Praktiken und Techniken zu experimentieren. Sonst lässt sich niemand auf ein Risiko ein, und es kann sich nicht genügend Kreativität entfalten, um die neuen Verhaltensweisen flexibel zu entwickeln. Durch das Ausprobieren und Üben steigt die wahrgenommene Kompetenz der sich verändernden Persönlichkeit.

6. **Erkenntnis:** Durch das Feedback werden immer mehr Informationen gesammelt, die das Verhalten immer genauer und zufrieden stellender an die neue Situation anpassen. Die Erkenntnis, in welchen Situationen die neue Sichtweise oder das neue Verhalten angemessen ist und wo alte Denk- und Verhaltensweisen durchaus noch angemessen sind, führt zu einer Erweiterung des Bewusstseins und ermöglicht eine größere Verhaltensflexibilität. Die wahrgenommene eigene Kompetenz steigt über das Niveau vor der Veränderung, da das Denk- und Verhaltensrepertoire erweitert worden ist.
7. **Integration:** Die neuen Denk- und Verhaltensweisen werden völlig integriert, so dass sie als selbstverständlich erachtet und weit gehend unbewusst vollzogen werden.

Generell kann beobachtet werden, dass die Veränderungsprozesse von Personen, Gruppen oder Organisationen in der Schock- und Ablehnungsphase verharren und die Chance für wirklich tief greifende Veränderungen verpasst wird. Möglicherweise ist die rationale Einsicht vorhanden, dass etwas verändert werden muss, jedoch die emotionale Akzeptanz, sich selbst in Frage zu stellen, ist häufig nicht gegeben. Es sollen sich lieber die anderen verändern. Die Energie wird für das hartnäckige Sichern der eigenen Position genutzt.

Hinzu kommt, dass festgefahrene Strukturen und seit langem gültige Regeln das Ausprobieren neuer Verhaltensweisen erschweren und die bestehende Unternehmenskultur in der Regel Fehler nicht erlaubt oder toleriert. Das führt zu mangelnder Kreativität und Risikobereitschaft.

Die in den Unternehmensleitlinien propagierten Führungsqualitäten geben zwar die Richtung für veränderte Verhaltensweisen vor, den Weg dahin muss jedoch jede Führungskraft selbst gestalten. Dadurch kollidieren häufig die gewohnten Verhaltensweisen mit den neuen erwarteten.

Lernen und Arbeiten an der Veränderung von eigenen Denk- und Verhaltensweisen wird daher kaum ohne das Entstehen von Widerständen oder Krisen (ausgelöst durch innere und äußere Konfliktsituationen) vollzogen. Gewohnte Denk- und Verhaltensweisen bieten aufgrund ihres relativ festen Bezugsrahmens eine gewisse Sicherheit im Umgang mit anderen Menschen in unterschiedlichen Situationen. Die Konfrontation mit eigenen Schwachstellen oder Kritik an gewohnten Verhaltensweisen können Auslöser für Krisen sein.

Sie bewegen sich auf der Veränderungskurve zwischen den Phasen „Schock“ und „emotionale Akzeptanz“. Krisen sind daher wichtige Phasen im individuellen Lern- und Erkenntnisprozess. Krisen und damit in Verbindung stehende Reaktionen haben ihre Ursache in Ängsten.

Ängste wiederum entstehen durch das Bild, das sich die jeweilige Person von der Wirklichkeit (Selbst-, Ideal- und Fremdbild) gemacht hat. Aufgrund dessen steht nur eine begrenzte Anzahl von Handlungsmöglichkeiten zur Verfügung, um eine bestimmte Situation zu meistern. Dabei soll möglichst das Selbstwertgefühl gesteigert werden, auf keinen Fall darf es absinken. Das Lernen neuer Denk- und Verhaltensweisen stellt dabei ein Risiko dar, denn es könnten Fehler gemacht werden.

Da es in unserem Kulturkreis zudem üblich ist, Dinge mit „richtig" oder „falsch" zu bewerten, hieße das Infragestellen gewohnter Denk- und Verhaltensweisen, diese seien falsch gewesen.

Es ist daher zunächst notwendig, das Denken in „Richtig"- oder „Falsch"-Kriterien abzulegen. Erst dann kann die jeweilige Person ihren Bezugsrahmen, d. h. das Bild ihrer Wirklichkeit, in Frage stellen und ggf. verändern. Beim Lösen von Problemen kann die jeweilige Person dann entscheiden, welcher Bezugsrahmen passender oder brauchbarer ist.

Auch tief greifende Unternehmensveränderungen werden meist durch Krisen oder krisenhafte Szenarien ausgelöst. Diese entstehen aufgrund von Diskrepanzen zwischen einem System (z. B. Unternehmen) und seiner Umwelt (z. B. Konkurrenz, Kundenanforderungen). Diese haben ihre Ursachen im System selbst, z. B.:

- Vorhandene Fähigkeiten oder Fertigkeiten von Führungskräften und Mitarbeitern eignen sich nicht für den zu erfüllenden Auftrag,
- Einstellungen von Führungskräften oder Mitarbeitern stehen nicht im Einklang mit ihrem Verhalten und
- das gelebte Verhalten ist weit von der Vision entfernt.

Eine neue Vision wird häufig relativ schnell in Worte gefasst und propagiert, die dafür notwendige Veränderung der Werte, Einstellungen und Glaubenssätze von Führungskräften und Mitarbeitern ist wesentlich schwieriger zu realisieren.

Veränderungsprozesse sind Lernprozesse. Es gibt hierbei Lernprozesse erster und zweiter Ordnung.

Lernen erster Ordnung vollzieht sich in einem festen Bezugsrahmen, d. h. innerhalb eines bekannten Systems von Wahrnehmungs- und Handlungsmustern mit bestehenden Regeln, Annahmen und Prioritäten nimmt die jeweilige Person Anpassungen ihrer Denk- und Verhaltensweisen aufgrund von Umweltveränderungen vor. Lernen erster Ordnung ist ein Lernen durch Anpassung, das bestehende Weltbild bleibt erhalten oder wird sogar verstärkt [*Watzlawick u. a. 2000*].

Beim Lernen zweiter Ordnung wird der bestehende kognitive Bezugsrahmen gesprengt, indem das bestehende System selbst reflektiert wird. Dadurch findet eine Referenztransformation statt, d. h. eine Veränderung des Bezugsrahmens. Lernen zweiter Ordnung findet erst statt, wenn eine emotionale Akzeptanz hinsichtlich einer problematischen Verhaltensweise besteht. Lernen zweiter Ordnung ermöglicht durch individuelle Erkenntnisprozesse tief greifende Veränderungen bei Einzelpersonen, Gruppen und dem gesamten Unternehmen. Um diesen Erkenntnisprozess zu vollziehen, ist die systematische Reflexion bestehender Denk- und Verhaltensweisen zu gewährleisten.

Dadurch wird die Verhaltensflexibilität von Einzelpersonen, Gruppen bzw. dem gesamten Unternehmen vergrößert. Dies ermöglicht die Veränderung der Zusammenarbeit in Gruppen durch systematisches Klären der Bedingungen, Regeln und Strukturen für ein gemeinsames Ziel- und Aufgabenverständnis.

WAS BRINGT ES?

Während die Feedbacktechniken dazu dienen, dem Gesprächspartner jeweils mitzuteilen, wie sein Verhalten auf andere wirkt, dienen die Reflexionstechniken der konkreten individuellen Veränderung von Denk- und Verhaltensweisen. Das macht die Auseinandersetzung mit dem Selbstkonzept notwendig.

Es bedarf dafür der Selbstbeobachtung (Reflexion der eigenen Denk- und Verhaltensweisen), um vor allem die unbewusst gesteuerten Denk- und Verhaltensweisen zu entdecken und verändern zu können. Erst die Erkenntnis der eigenen Denk- und Verhaltensweisen ermöglicht deren grundlegende Veränderung.

Diese Veränderungsprozesse, die auch als individuelle Lern- und Erkenntnisprozesse begriffen werden können, sind für einen tief greifenden Wandlungsprozess, wie er bei der Umsetzung von TQM im Unternehmen gefordert wird, notwendig. Das Ergebnis des individuellen Lern- und Erkenntnisprozesses der Führungskraft ist ein rasches und relativ wertungsfreies Einstellen auf neue Situationen und Personen. Dies wird als **Verhaltensflexibilität** bezeichnet.

Der Einsatz der Reflexionstechniken ist besonders für Persönlichkeits- und Teamentwicklungen sowie für die Entwicklung einer Unternehmensvision geeignet. Es ist jedoch sinnvoll, sich dafür kompetente Unterstützung von einem externen Trainer zu holen.

WIE GEHE ICH VOR?

Um grundlegende, vor allem kulturelle Veränderungen vornehmen zu können, muss der bestehende Bezugsrahmen verändert werden.

Das Grundprinzip der Reflexionstechnik ist daher stets, durch gezieltes Fragen den Bezugsrahmen der veränderungsbereiten Person oder Gruppe zu erweitern.

Hierfür kann das Modell der logischen Ebenen nach Dilts genutzt werden, das sowohl für den individuellen als auch den Veränderungsprozess von Gruppen oder ganzen Organisationen genutzt werden kann. Das Modell (Bild 22) bietet einen Rahmen, in dem Informationen so eingeordnet werden können, dass der geeignete Ansatzpunkt schnell und sicher zu finden ist, so dass die gewünschte Veränderung herbeigeführt werden kann. Im Modell wird die Überlegung, dass Verhalten sowohl durch die Situation als auch durch die beteiligten Personen geprägt wird, dadurch weiter ausgebaut, dass der Kontext, in dem etwas stattfindet, das Verhalten, die dafür notwendigen Fähigkeiten und Fertigkeiten, die dahinter stehenden Glaubenssätze und wahrgenommenen Rollen, die Identität einer Person und der Sinn einer bestimmten Handlung nicht unabhängig voneinander betrachtet werden können. Vielmehr stehen sie in Beziehung zueinander. Demzufolge können sie nicht unabhängig voneinander verändert werden, denn z. B. das Aneignen bestimmter Fähigkeiten nützt wenig, wenn weder deren Sinn noch Einsatzmöglichkeiten klar sind. Veränderung ist daher auf folgenden Bewusstseinsebenen erforderlich [*Dilts u. a. 1998*]:

1. **Sinn:** Diese Ebene klärt die Existenzberechtigung einer Einzelperson, Gruppe oder Organisation. Es stellt sich hier die Frage, **wozu** eine Vision existiert oder welcher die Einzelperson, Gruppe oder Organisation folgt. Die Vision ist dabei ein (noch unscharfes) Bild in der Zukunft, auf das eine Person, Arbeitsgruppe oder das Unterneh-

men zugehen möchte. Sie beschreibt den Sinn für die Existenz und den Fortbestand.

Die Veränderung dieser Ebene hat tief greifende Auswirkungen auf alle weiteren Ebenen. Daher muss die Definition einer Vision gut reflektiert und sauber formuliert werden, denn aus der Vision müssen konkrete Ziele abgeleitet sowie Strategien entwickelt werden, andernfalls ist sie wertlos.

2. **Identität:** Persönliche Identität bezieht sich auf die Einzigartigkeit jeder Einzelperson, die besondere Kennzeichen und eine unverwechselbare Biographie (**Wer?**) hat, so dass sie sich von anderen unterscheidet.

   Unter sozialer (gemeinsamer) Identität ist die Zuschreibung bestimmter vorgegebener Eigenschaften bzw. Verhaltensweisen zu verstehen, die den Charakter normativer Erwartungen (z. B. Verhaltensregeln) haben.

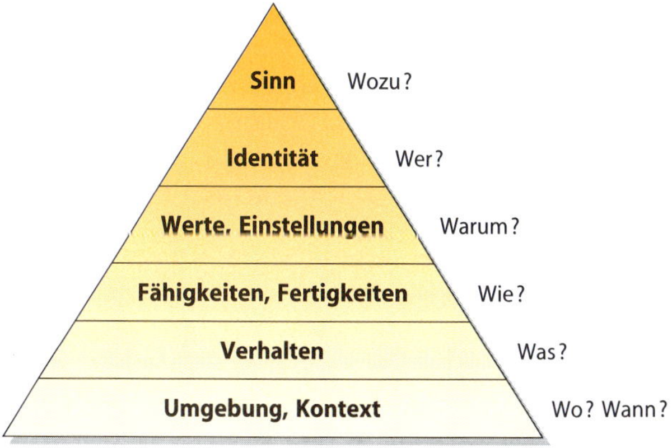

Bild 22: *Modell der logischen Ebenen*

Quelle: in Anlehnung an Dilts 1998, S. 55.

Die gemeinsame Identität bietet die Zugehörigkeit zu einer Gruppe. Im Unternehmen bedeutet das, die einzelnen (Arbeits- bzw. Projekt-)Gruppen leiten aus den übergeordneten Zielen gemeinsame Aufgaben ab. Die unternehmerischen Ziele müssen mit individuellen Zielen in Einklang gebracht werden, sonst kann sich der Einzelne nicht mit dem Unternehmen identifizieren.

3. **Werte und Einstellungen** dienen als Filter-, Bewertungs- und Auswahlfunktionen hinsichtlich aller auf eine Person einwirkenden Einflüsse (**Wofür?**). Werte sind gewachsene und tradierte Orientierungen von Persönlichkeiten und prägen daher für bestimmte Situationen angemessene Regeln. Werte verankern Denkweisen und spiegeln sich in Handlungen wider. Hinter jeglichem Verhalten stehen Werte und Einstellungen, die aus erweiterten oder limitierten Glaubenssätzen bestehen. Die Werte von Unternehmen prägen die Unternehmenskultur.
   Strategische Neuorientierungen von Unternehmen sind daher entweder durch einen gesellschaftlichen Wertewandel bzw. marktbedingten Wettbewerb hervorgerufen oder durch einen personellen Wechsel der Unternehmensleitung.
   Die Veränderung von Zielen macht die Veränderung geltender Werte notwendig. Dafür müssen bestehende Regeln identifiziert, in Frage gestellt und ggf. neu definiert werden.
4. **Fähigkeiten und Fertigkeiten:** Um die Leistungsfähigkeit von Einzelpersonen, Gruppen und des gesamten Unternehmens einschätzen zu können, muss klar sein, welche Fähigkeiten und Fertigkeiten überhaupt vorhanden sind. Hier geht es darum zu hinterfragen, welche Stärken vorhanden sind und ausgebaut werden können sowie welche Voraussetzungen zur Verfügung stehen, um die Schwächen zu verrin-

gern, die Veränderungen zu realisieren und zu leben. Es ist dafür notwendig zu wissen, **wie** Abläufe (z. B. Planungs-, Entscheidungs-, Durchführungs- und Kontrollprozesse) sowie Strukturen gestaltet sind und wer welche Aufgaben wie ausführt. Es geht darum, die vorhandenen Potenziale zu nutzen und weiterzuentwickeln.

5. **Verhalten:** Hier geht es darum festzustellen, wie sich die Fähigkeiten und Fertigkeiten im konkreten Verhalten widerspiegeln. **Was** genau kann beobachtet werden? Häufig fühlen sich Einzelne durch Verhaltensweisen anderer brüskiert und unverstanden. Die Ursache liegt oft an divergierenden Glaubenssätzen und Werten. Diese sind über das Verhalten erkenn- und beschreibbar, denn nur das Verhalten einer Person, Gruppe oder Organisation kann konkret beobachtet werden. Jedes Verhalten hat Wirkungen und Konsequenzen auf andere Personen, die ebenfalls genau beschrieben werden können. Daher kann hinsichtlich des Verhaltens Feedback gegeben werden. Es kann geklärt werden, welche Rolle der Einzelne, die Gruppe oder das Unternehmen gegenüber anderen einnehmen will und kann.
6. **Umgebung, Kontext:** Jedes Verhalten vollzieht sich in einem ganz bestimmten Umfeld. Dieses (**Wo** und **wann**?) kann ebenfalls beschrieben werden. Erst wenn festgestellt ist, in welchem konkreten Umfeld (z. B. Personen, Räumlichkeiten, Ort) bestimmte Verhaltensweisen auftreten, können Veränderungen vollzogen werden.

Gezieltes Fragen (Bild 22 und 23), entsprechend der logischen Ebenen, kann neue Wege öffnen. Dabei müssen alle logischen Ebenen berücksichtigt und entsprechende Zusammenhänge aufgezeigt werden.

Logische Ebenen	Fragen für die Einzelperson	Fragen für die Gruppe
Sinn Wozu?	• Wozu tue ich das, was ich tue? • Welcher Sinn und welches Ziel verbirgt sich hinter meinem Tun? • Was bewirke ich dadurch für mein Leben, das Unternehmen, für andere?	• Wozu besteht die Gruppe? • Welcher Sinn verbirgt sich dahinter? • Welche gemeinsamen Ziele haben wir? • Was bewirken wir damit für das Unternehmen?
Identität Wer?	• Wer bin ich? • Welche Bedeutung hat mein Tun für andere? • Welche Vorbilder habe ich? • Warum gerade diese?	• Wer sind wir als Gruppe? • Welche Bedeutung hat unser Tun für andere? • Wie und warum unterscheiden wir uns von anderen?
Werte Wofür?	• Wofür genau mache ich das? • Was ist mir dabei wichtig? • Was will ich damit realisieren? • Was würde mir fehlen, wenn ich es nicht tun würde?	• Wofür genau machen wir das? • Was ist uns dabei wichtig? • Was können wir damit realisieren? • Was würde uns fehlen, wenn wir es nicht tun würden?
Fähigkeiten & Fertigkeiten Wie?	• Wie tue ich das, was ich tue? • Welche Schrittfolgen, Strategien etc. werden hinsichtlich des konkreten Verhaltens zum Erreichen des Zieles geplant und durchlaufen? • Welche Fähigkeiten und Fertigkeiten ermöglichen die beobachtbaren Verhaltensweisen?	• Wie tue ich das, was ich tue? • Welche Kernkompetenzen haben wir, um unsere Ziele zu erreichen? • Welche Fähigkeiten und Fertigkeiten brauchen wir zusätzlich, um unsere Ziele zu erreichen?
Verhalten Was?	• Was genau habe ich getan (Welche Tätigkeiten)? • Was würde ich ganz konkret sehen und hören, wenn ich mich als Außenstehender beobachten könnte?	• Was tun wir bzw. woran merken wir, dass wir unsere Ziele erreicht haben? • Wie gehen wir miteinander, mit unseren Kunden, Konkurrenten etc. um?
Kontext Wo? Wann?	• Wo und wann genau tritt welches Verhalten auf (Ort und Zeitpunkt)?	• Wo und wann genau tritt welches Verhalten auf (Ort und Zeitpunkt)?

Bild 23: *Fragen zu den logischen Ebenen*

Die beispielhaft aufgeführten Fragen in Bild 23 müssen so variiert werden, dass die Aufmerksamkeit der Personen in eine andere Richtung gelenkt wird, so dass die ursprüngliche Situation mit einem neuen Themenbereich verbunden wird. Es gibt dafür unterschiedliche Möglichkeiten [siehe *König u. a. 1996*]:

4.7.1 Reflexion durch Thematisieren der Vergangenheit

Ein gegenwärtiges Problem hat seinen Ursprung in der Vergangenheit. Durch gezieltes Fragestellen wird die Aufmerksamkeit auf ein vergangenes Ereignis gerichtet und damit das zu reflektierende Problem nicht mehr isoliert, sondern im Zusammenhang mit den früheren Erfahrungen betrachtet. Möglicherweise wird der reflektierenden Person dadurch klar, dass die gegenwärtigen Verhaltensweisen in der Vergangenheit in einem völlig anderen Kontext zielgerichtet eingesetzt waren. In der gegenwärtigen Situation stehen ihr jedoch aufgrund des veränderten Umfelds völlig andere Handlungsmöglichkeiten zur Verfügung.

Das uneigenständige Verhalten eines Mitarbeiters könnte beispielsweise die Führungskraft dazu veranlassen, diesen für die Aufgabenerfüllung detailliert anzuweisen. Die Führungskraft ist jedoch der Meinung, dass dieser Mitarbeiter seine Aufgaben selbständig ausführen sollte, woraufhin es zu Spannungen zwischen Mitarbeiter und Führungskraft kommt, weil der Mitarbeiter sich dadurch gehemmt und verunsichert fühlt.

Durch gezieltes Hinterfragen kann die Ursache dieses unangepassten Verhaltens in der Ausbildungszeit des Mitarbeiters lokalisiert werden. In dieser nämlich hatte er einen strengen Lehrmeister, der jegliche Eigeninitiative unterband und, sofern seine Anweisungen nicht genau befolgt wurden, cholerisch reagierte.

Das „uneigenständige“ Verhalten des Mitarbeiters hatte also in seiner Lehrzeit durchaus eine Berechtigung. Dem Mitarbeiter konnte durch Thematisieren der Vergangenheit verdeutlicht werden, dass sein Verhalten heute in einem völlig anderen Umfeld stattfindet und dass er andere Handlungsmöglichkeiten hat.

4.7.2 Reflexion durch Thematisieren der Gegenwart

Häufig können gegenwärtige Probleme nicht gelöst werden, weil sie mit vergangenheitsorientierten Verhaltensweisen bearbeitet werden (nach dem Motto: „Das haben wir schon immer so gemacht.“). Dies führt dazu, dass die Ressourcen für die zu bewältigende gegenwärtige Situation unangemessen oder nicht zielorientiert eingesetzt werden. Durch gezielte Fragestellungen sollte hier versucht werden, die Gegenwart zu thematisieren, um die unangepassten, vergangenheitsorientierten Denk- und Verhaltensweisen zu unterbrechen und die in der gegenwärtigen Situation enthaltenen Handlungsmöglichkeiten zu erkennen und zu realisieren.

4.7.3 Reflexion durch Thematisieren der Zukunft

Hier werden, ähnlich wie beim Thematisieren der Gegenwart, die vergangenheitsorientierten Denk- und Verhaltensweisen dadurch unterbrochen, dass die Aufmerksamkeit auf zukünftige Handlungsmöglichkeiten gerichtet wird. Beispielsweise ist es beim Entwickeln einer Vision sinnvoll, sich vorzustellen, welche Denk- und Verhaltensweisen notwendig sein werden, um die zukünftigen Unternehmensziele zu erreichen.

4.7.4 Reflexion mit Hilfe analoger Verfahren

Der Bezugsrahmen einer Person ist i. d. R. durch eine Reihe theoretischer Annahmen gestützt, die auf der sachlichen Ebene erklärt werden können. Für tief greifende Veränderungen von Denk- und Verhaltensweisen, wie sie im TQM gefordert werden, ist es sinnvoll, mit Hilfe analoger Verfahren zu arbeiten. Hier wird verstärkt an den im Johari-Fenster als der Person selbst und anderen unbekannten Bewusstseinsebenen gearbeitet (siehe Bild 18). Die reflektierenden Personen werden aufgefordert, ihre gegenwärtige Situation mit Hilfe von Symbolen (z. B. Geschichte, Comic, Bild, Melodie etc.) oder Metaphern darzustellen. Die Bedeutung der **Symbole** und **Metaphern** wird anschließend geklärt und eine Verbindung zur Problemsituation hergestellt. Bei der Reflexion eines gegenwärtigen Problems mit Symbolen und Metaphern wird die Kreativität der reflektierenden Personen angeregt. Dadurch wird die sachlogische Ebene verlassen, und das gegenwärtige Problem kann in einem völlig anderen Bezugsrahmen betrachtet werden. Auf der Basis des Bezugsrahmens für das Symbol oder die Metapher kann das ursprüngliche Problem aus einer anderen Perspektive betrachtet werden, und Lösungsmöglichkeiten können erarbeitet werden. Diese Vorgehensweise eignet sich z. B. für Teamentwicklungen, für die Entwicklung von Visionen oder für komplexe Problemlösungen.

Im Folgenden wird ein Beispiel zu den analogen Verfahren der Reflexion aufgeführt. Aufgrund des in die Zukunft gerichteten Perspektivenwechsels ist diese Art der Reflexion für tief greifende Veränderungen besonders geeignet. Vor allem beim Erarbeiten einer neuen Vision oder beim Identifizieren informeller Regeln in (Arbeits- bzw. Projekt-)Gruppen oder für das gesamte Unternehmen empfiehlt es sich, mit diesem Verfahren zu arbeiten.

Analog zum Moderationszyklus müssen auch hier die Phasen beachtet werden.

4.7.5 Beispiel für die Veränderung des Bezugsrahmens mit Hilfe von Metaphern

1. Schritt (Dauer ca. 1–2 Stunden)

Gemeinsame Identität: Wer sind wir als Team?
Zweiergruppen bilden:
Finden Sie eine gemeinsame Metapher für das Team!
Vierergruppen und anschließend Achtergruppen bilden:
Finden Sie eine gemeinsame Metapher für Ihr Team, kombinieren Sie beide bisherigen Metaphern, übernehmen Sie eine der vorhandenen, verändern Sie eine der vorhandenen, erfinden Sie eine neue Metapher!
Gesamtgruppe:
Finden Sie eine gemeinsame Metapher für Ihr Team, kombinieren Sie beide bisherigen Metaphern, übernehmen Sie eine der vorhandenen, verändern Sie eine der vorhandenen, erfinden Sie eine neue Metapher!
Bei diesem Schritt ist es wichtig, dass der Abstimmungsprozess innerhalb der Gruppe so lange fortgesetzt wird, bis die Gruppe tatsächlich eine von allen akzeptierte Metapher gefunden hat.

2. Schritt (Dauer ca. ½–1 Stunde)

Wie sehen wir uns selbst?
Gesamtgruppe:
Füllen Sie Ihre Metapher mit konkreten Inhalten! Mit welchen Wörtern würden Sie Ihr Team beschreiben (z. B. flexibel, innovativ, serviceorientiert usw.)?

Es ist wichtig, dass eine große Anzahl von beschreibenden Wörtern gefunden wird, denn die Inhalte sind Grundlage für die folgenden Schritte.

3. Schritt (Dauer ca. ½ Stunde): Gemeinsamkeiten

Mehrere Gruppen:

Zeichnen Sie ein Bild, das Ihre Metapher widerspiegelt!

Finden Sie einen Slogan, schreiben Sie ein Gedicht oder singen Sie eine Lied!

Dieser Schritt regt gleichzeitig die Phantasie an, schafft Vertrauen und stellt Gemeinsamkeiten her.

4. Schritt (1 Stunde): Entwickeln einer Vision

Gesamtgruppe:

Wo wollen wir im Jahr ‹heute + 10 Jahre› sein? Was steht im Jahr ‹heute + 10 Jahre› über uns in der Zeitung, im Brockhaus usw.?

5. Schritt (1 Stunde): Werte, Fähigkeiten, Verhalten

Drei Gruppen:

Jede Gruppe mit einer logischen Ebene (Werte und Einstellungen; Fähigkeiten und Fertigkeiten; Verhalten).

1. Gruppe:

Was ist uns wichtig? Was glauben und denken wir über uns und andere? Was unterscheidet uns von anderen?

2. Gruppe:

Was können wir schon, um unsere Vision zu erfüllen? Welche Fähigkeiten und Fertigkeiten brauchen wir noch, um sie erfüllen zu können?

3. Gruppe:

Wie verhalten wir uns? Können wir damit die Vision erreichen? Wie müssen wir uns verhalten, um sie zu erreichen?

Zum Erarbeiten der Werte und Einstellungen, Fähigkeiten und Fertigkeiten sowie des Verhaltens sind die Inhalte vom zweiten Schritt heranzuziehen.

Bild 24: *Feedback*

Die Reflexionstechnik dient, aufgrund der konkreten systematischen Arbeit an den logischen Ebenen, der eigentlichen Veränderungsarbeit. Dabei kann das Identifizieren von Rollen und Regeln sowie von Fähigkeiten und Fertigkeiten in der Arbeitsgruppe spielerisch vollzogen werden. Die Reflexionstechnik findet sowohl bei Indoor- als auch bei Outdoor-Trainings

Anwendung, dies hängt jedoch ganz von den Anforderungen bzw. Problemen der Teilnehmer sowie dem Ziel des Trainings ab. Beobachtungen haben jedoch gezeigt, dass besonders die zielgerichtete Reflexion mit kinästhetischen Metaphern (Übungen mit körperlicher Arbeit) sehr wirkungsvoll die Veränderung von Denk- und Verhaltensweisen unterstützt. Die erfolgreiche Umsetzung von TQM im Unternehmen erfordert geradezu den Einsatz der Reflexionstechnik, weil durch sie wirklich kreative Lösungswege gefunden werden können.

5 Die Coaching-Techniken im Überblick

Die Coaching-Techniken können sowohl einzeln als auch in Kombination eingesetzt werden. Im Folgenden sind die Ziele der Coaching-Techniken übersichtlich dargestellt:

- Die **Systemtechnik** dient dazu, komplexe Probleme (z. B. zwischenmenschliche Beziehungen) übersichtlich darzustellen und bearbeiten zu können.
- Die **Moderationstechnik** dient dazu, die aktive Beteiligung aller Mitarbeiter an Problemlösungen zu gewährleisten und deren Entscheidungs- und Kreativitätspotenziale zu reaktivieren.
- Die **Visualisierungstechnik** dient dazu, Missverständnisse und Fehlinterpretationen zu reduzieren und Transparenz über Prozesse, Probleme, Ergebnisse, Maßnahmen etc. zu schaffen.
- Die **Konfliktmanagementtechnik** dient dazu, verhärtete Fronten aufzuweichen, unterschiedliche Sichtweisen anzugleichen und kreativ zu nutzen.
- Die **Gesprächsführungstechnik** verbessert das gegenseitige Verständnis für unterschiedliche Denk- und Verhaltensweisen und steigert die Effektivität und Effizienz von Gesprächen zwischen Führungskraft und Mitarbeitern.
- Die **Feedbacktechnik** dient dem Auffinden nicht adäquater Verhaltensweisen.
- Die **Reflexionstechnik** dient der Korrektur nicht adäquater Denk- und Verhaltensweisen sowie dem Erlernen neuer Rollen.

Literatur

Alle Pocket-Power-Bände, siehe hintere innere Umschlagseite.

Crisand, E.; Pitzek, A. [1997]: Das Sachgespräch als Führungsinstrument. Arbeitshefte Führungspsychologie. Bd. 20, Heidelberg: Sauer

Dilts, R. B. [1998]: Von der Vision zur Aktion. Paderborn: Junfermann

Drosdowski, G. (Hrsg.) [1989]: Duden „Ethymologie“: Herkunftswörterbuch der deutschen Sprache. Bd. 7, 2., völlig neu bearb. Aufl. Mannheim u. a:. Bibliographisches Institut

Fatzer, G. (Hrsg.) [1993]: Organisationsentwicklung für die Zukunft: ein Handbuch. Köln: Ed. Humanistische Psychologie

Glasl, F. [1999]: Konfliktmanagement. Ein Handbuch für Führungskräfte, Beraterinnen und Berater. 6. Aufl., Bern u. a.: Haupt

Halberfellner, R.; Daenzer, W. F. (Hrsg.) [1999]: Systems Engineering: Methodik und Praxis. 10. verb. Aufl., Zürich: Industrielle Organisation

Höhler, G. [1997]: Herzschlag der Sieger. Die EQ-Revolution. Düsseldorf u. a.: Econ

Kellner, H. [2000]: Konflikte verstehen, verhindern, lösen. Konfliktmanagement für Führungskräfte. München u. a.: Hanser

Klebert, K.; Schrader, E.; Straub, W. G. [1996]: Moderationsmethode: Gestaltung der Meinungs- und Willensbildung in Gruppen, die miteinander lernen und leben, arbeiten und spielen. 7. Aufl., Hamburg: Windmühle

König, E.; Volmer, G. [1996]: Systemische Organisationsberatung. Grundlagen und Methoden. 4., überarb. Aufl., Weinheim: Deutscher Studien-Verlag

Mayrshofer, D.; Kröger, H. [1999]: Prozesskompetenz in der Projektarbeit, 1. Aufl., Hamburg: Windmühle

Niermeyer, R. [2000]: Coaching. Sich und andere zum Erfolg führen. Freiburg: Haufe

Norretranders, T. [1994]: Spüre die Welt. Die Wissenschaft des Bewusstseins. Reinbek b. Hamburg: Rowohlt

Schulz von Thun, F. [1996]: Miteinander reden. Reinbek b. Hamburg: Rowohlt

Staehle, W. [1994]: Management: eine verhaltenswissenschaftliche Perspektive. 7. Aufl., überarb. von Conrad, P.; Sydow, J.; München: Vahlen

Watzlawick, P.; Beavin, J. H.; Jackson, D. D. [2000]: Menschliche Kommunikation. Formen, Störungen, Paradoxien. Göttingen: Huber

für Computer,

Kjell Magnusson
Dag Kroslid
Bo Bergman
Six Sigma
umsetzen
Die neue Qualitätsstrategie
für Unternehmen
mit
CD-ROM
HANSER